JN077009

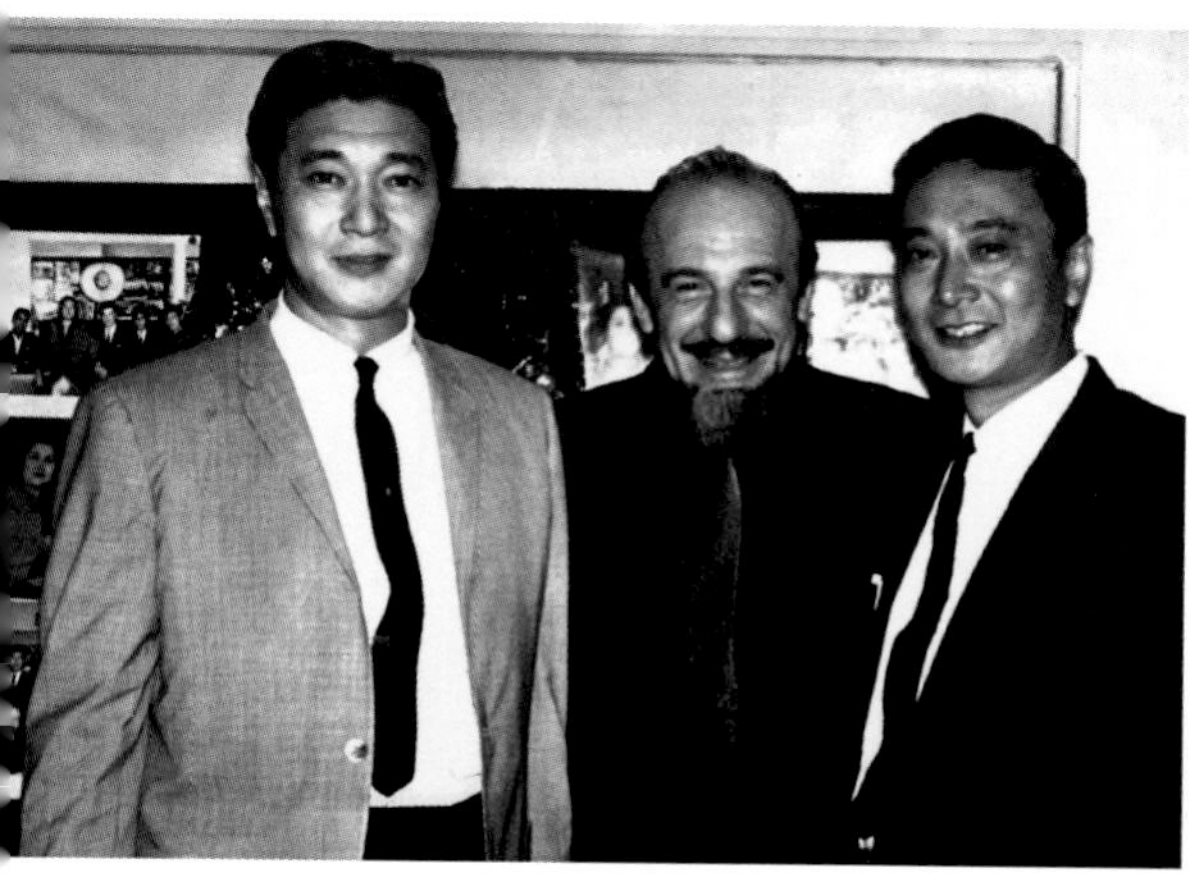

永島達司、ミッチ・ミラー、
永島英雄(左から順に)
福岡メキシコ料理店ロシータにて
提供:吉崎真一

ジーン・シモンズ(KISS)、
ビッグ・タツへメッセージ
(撮影:瀬戸口修)

TATS - A TALL MAN!
BUT MAYBE THE
TALLEST THING ABOUT TATS
IS HIS
HEART!

ドン・ウィルソン
(ザ・ベンチャーズ)
からタツへの手紙
(撮影:瀬戸口修)

世界のビッグ・タツと呼ばれ
渋みの増したジェントルマン
永島達司

1963年ルイ・アームストロング、2度目の来日、
妻ルシール、永島達司(提供:外山喜雄/撮影:小池洋右)

ニューヨークで幼い五百子と達司

母・隆、二女五百子、達司

ペラムの家、達司とアメフトの友達

イギリスの海水浴場。父・忠雄、長姉博子とともに

ペラム・ガレージの前。永島一家が乗っていたクライスラー

ロングアイランド、友人、博子、達司（博子の真下）、英雄

Name:	Tatsjui Nagashima
Gender:	Male
Birth Date:	abt 1926
Birth Place:	Yokohama, Japan
Age:	3
Arrival Date:	24 Jun 1929
Port of Arrival:	San Francisco, California
Ship Name:	Taiyo Maru
Port of Departure:	Yokohama, Japan
Destination:	New York, New York, USA
Last Residence:	Japan
Accompanied By:	Giichi
Friend's Name:	Giichi Suga

11	TAX	Sasaki	TAX	Kakuji	49	•
12	TAX	Nagashima		Tadao	36	•
13	TAX	Nagashima		Take	30	F
14		Nagashima		Hideo	6	M
15		Nagashima		Tatsuji	3	•

(写真・16ミリフィルム提供：桑田純代)

達司3歳の大洋丸渡航記録、永島一家の乗船名簿

永島達司一家揃って家族写真、
二男譲二、泰子夫人、長男智之
(左下から順に)

デトロイト在住、
妹・五百子の
結婚写真

永島家　父・忠雄、母・隆、五百子(ソファ中央)(提供:吉田五百子)

晩星中等学校時代の達司(写真中央)

妹・純代の結婚式の記念写真、(写真右上、達司夫妻)

永島達司、泰子夫妻の結婚写真

ＧＨＱ、ICE時代の永島兄弟
（写真左３番目英雄、写真右３番目達司）

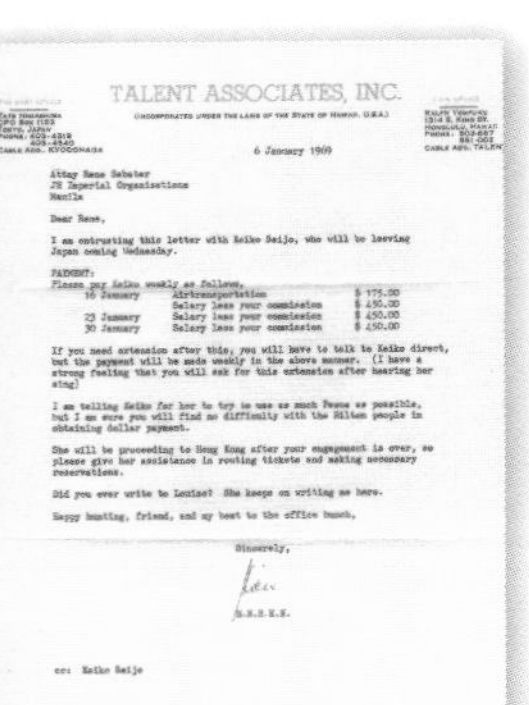

TALENT ASSOCIATES, INC.

(INCORPORATED UNDER THE LAWS OF THE STATE OF HAWAII, U.S.A.)

6 January 1969

Attay Rene Sebater
JR Imperial Organisations
Manila

Dear Rene,

I am entrusting this letter with Keiko Seijo, who will be leaving Japan coming Wednesday.

PAYMENT:
Please pay Keiko weekly as follows,

16 January	Airtransportation	$ 175.00
	Salary less your commission	$ 450.00
23 January	Salary less your commission	$ 450.00
30 January	Salary less your commission	$ 450.00

If you need extension after this, you will have to talk to Keiko direct, but the payment will be made weekly in the above manner. (I have a strong feeling that you will ask for this extension after hearing her sing)

I am telling Keiko for her to try to use as much Pesos as possible, but I am sure you will find no difficulty with the Hilton people in obtaining dollar payment.

She will be proceeding to Hong Kong after your engagement is over, so please give her assistance in routing tickets and making necessary reservations.

Did you ever write to Louise? She keeps on writing me here.

Happy hunting, friend, and my best to the office bunch,

Sincerely,

cc: Keiko Seijo

協同企画所属歌手西城慶子の海外
出演契約書（提供：西城慶子）

ジョンソン基地オフィサーズ・クラブのJNマネージャー時代（写真最前列左３番目永島達司）

1961年5月ナット・キング・コール来日記者会見（写真右、永島）
（提供：永島家）

APRIL 16, 1958 AIR FORCE TIMES

Civilian Rolls Hit 115,000
As USAF Resumes Hiring

TV 'Showcase,'
Miss Ai Mark
Anniversary

AIR FORCE TIMES 1958年4月16日 ジョンソン基地歌手紹介、日本テレビ初代女性アナウンサー阿井喬子 番組「Showcase」紹介（提供：阿井喬子）

October 1967 The NonCom Page 7

YOKOTA CLUB

SUN MON TUE WED THU FRI SAT

JOHNSON CLUB

SUN MON TUE WED THU FRI SAT

ジョンソン基地、横田基地ショウスケジュール
The NonCom 1967年10月号（提供：山岸莞爾）

1949年９月７日ＧＨＱ会議で通訳する永島英雄（白のスーツ）、ロイ・ウォルター・リー・ヒルマン下院議員ほか Photo by/U.S. ARMY PHOTOGRAPH FEC-49-6258
（提供：桑田純代）

アンディ・ウィリアムスと銀座を歩く永島達司(提供:風間博・永島右隣)

ヘンリー・ミラー(左端)、ポール・マッカートニー、リンダ夫妻、ミルス・ブラザーズ(ハリー、ドナルド、ハーバート右端)、(Photo by/Kathleen Miller)

カーペンターズ、永島達司(提供:永島家)

永島達司、パット・ブーン(右後ろ姿)(提供:永島家)

1963年5月パティ・ペイジ初来日(写真右上、永島 提供:石黒良策、中央:スーツ姿)

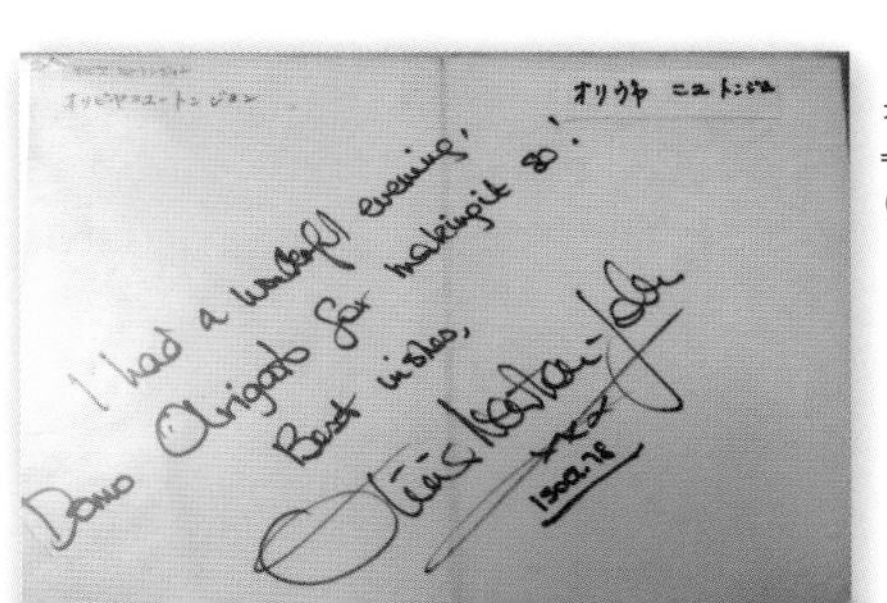

I had a wonderful evening!
Domo Arigato for making it so!
Best wishes,
Olivia Newton-John
1982.28

オリビア・ニュートン=ジョンのサイン(提供:芦屋)

ナンシー梅木、永島、江利チエミ、旗照夫(提供:旗照夫)

永島達司、BMWに乗って（提供：本田規）

内田夫妻、永島夫妻、本木夫妻（提供：本木雅弘）

永島達司、マイケル・ジャクソン、大賀典雄ソニー会長と
（提供：小倉禎子）

1970年代、永島家にて、也哉子を連れた内田夫妻。

リチャード・カーペンターと永島達司（提供：永島家）

イギリスのコッツウォルズを楽しむタツ
（Photo by／Phil Cooper）

仲人役の永島夫妻

左からジョン・レノン、ブライアン・エプスタイン、永島達司(右奥)、ジョージ・ハリスン(撮影:佐々木恵子)リンゴ・スター、ポール・マッカートニー(雑誌『Teen Beat』誌、撮影:斉藤政秋)

ビートルズ来日!搭乗扉前の中央奥に永島達司が写る(提供:朝日新聞社)

ビートルズ4人の描いた絵(提供:水野智博)

日本武道館のアリーナで、ビートルズを見る内田裕也、尾藤イサオ(写真左から)(提供:内田裕也オフィス)

ビートルズ4人の見送り、ジョージと握手をする永島達司(提供:『Teen Beat』誌、撮影:斉藤政秋)

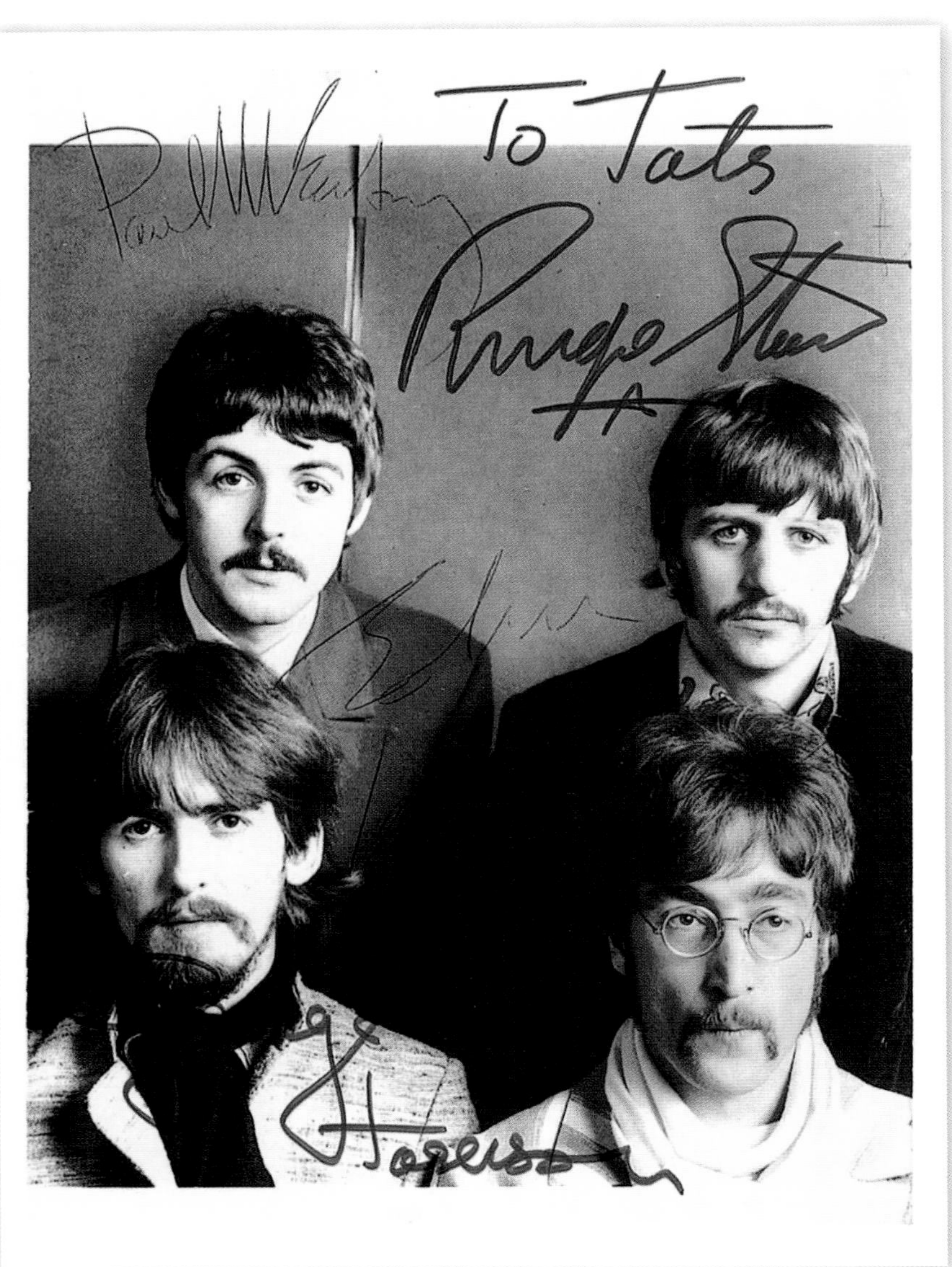

ビートルズから永島達司宛に送られてきたサイン入り写真（提供：永島家）

ビートルズも呼んだ男
永島達司
ビッグ・タツ伝説

Tatsuji Nagashima
Big Tats

瀬戸口 修

ODYSSEY BOOKS INC.

目次

プロローグ

永島達司は、小さいころから欧米の文化や音楽に触れ、欧米人の志向を理解していた人物である。彼は日本を代表するプロモーターだ。１９５７年に協同企画を設立、62年に大洋音楽を設立し、99年にこの世を去るまで数多くのアーティストを招聘した。その顔ぶれは枚挙にいとまがないが、なかでも別格なのがザ・ビートルズだ。これにより永島は『ビートルズを呼んだ男』として、国内外のエンターテインメント界から一目置かれる存在となった。

内田裕也　ロックン・ローラー

この前すごいことが起きたんですよ。突然、「フラワー・トラベリン・バンドの『SATORI』をカバーしたい」って言うんですよ。「誰がやるのか」と聞いたら、ショーン・レノンだというんです。ビートルズのジョン・レノンの息子が数多い日本の楽曲のなかで、俺がプロデュースしたフラワー・トラベリン・バンドの曲をやりたいと言ってもらえるなんて、思いもよらなかった。

カバーEP『Lime & Limpid Green』という盤だけど、一緒に収録されているのが、ピンク・フロイド（Pink Floyd）、キング・クリムゾン（King Crimson）、ザ・フー（The Who）で選曲が面白い。ショーンはそういうのが好きみたいだね。

全米発売しているのだから、ひとつの夢を実現したといってもいい。話をもらったとき、「やった!!」って感じだったねぇ。驚きとともにうれしかった。メンバーも皆そう思ったに違いない。先週デモテープが届き、出来はとっても良かった。世界に通じるRock'n' Rollを信じてやってきて本当に良かった。俺たちアジア人だけど、全曲英語の歌詞で歌うなんてよくやってきたもんだよ。日本人初の出来事だから、誇りを持って聴いてほしい!

アトランティック・レコードとアルバム『SATORI』の契約をしたときに、アーメット・アーティガンを紹介してくれた永島さんに、真っ先にこの話を聞いてほしかった。きっと喜んでくれただろうね。

※『SATORI』(71年4月発売、アトランティック・レコード、アメリカとカナダで発売、日本はワーナー・パイオニアで発売。プロデューサー内田裕也、全曲英語の歌詞で構成)

永島さんは、格好いい人だったよ。あんな日本人は見つからない。昔はよく会っていたなぁ。「ビッグ・タツ」って呼ばれていて、世界中誰でも知っていたんだよ。ポール・マッカートニーがこの前来たときにも永島さんの名前を出したら、態度がまったく変わっちゃうんだ。すごい人だな。

俺はビートルズの日本公演で前座をしたんだけど、彼らの楽器がすごかったのを覚えているね。VOX(アンプ)とか見たことなかった。4人しかいないのに楽器でステージがいっぱいになっていた。演奏もやっぱりうまい。基礎ができているからね。あのころは永島さんしか楽屋に入れなかったんだよね。前座で出演したメンバーのなかで、俺が一番図々しかったな。誰も入れなかったアリーナのパイプ椅子で尾藤イサオと公演を見たんだからさ。

俺はちょっと危険な橋を渡ってきたね。意外とそういうところは度胸ある。永島さんだけだよ、俺のことかばってくれたの。内野二朗さんに「裕也がウドーさんとケンカするからさ、俺も会わなくなっちゃってさぁ」なんて言われたこともあったよ。

永島さんは、はっきりとものを言う人だった。外国人で偉いヤツがいても、媚びないですからね。これはダメだと毅然と言っていましたよ。だから外国人に信用されていたのだろうね。外国人との交渉では押されて引くともう駄目。やっぱり半分ハッタリでもいいから、マナーをわきまえた上で、突っ張っていかなきゃならない。永島さんはそういうマナーについては、とてもうるさかったですよ。俺は見様見真似で教わった。

何でもかんでもミスター・タツを通したら格好つかないかと思って、ニューヨークのフランク・バルセロナがやっているプレミア・タレントというプロダクションにひとりで行ってさ。そのころはローリング・ストーンズも含めて、アメリカに渡って音楽公演をするロックバンドは、そこを通さなければ、アメリカ国内には入れなかったんですよ。いつの間にかそういうシステムができていて。

フランクにタツは俺の後ろ盾という意味で〝He is my behind.〟と言ったんだ。そうしたらすぐフランクがアーメット・アーティガンのところに電話を掛けたんだよ。「変な日本人（内田）が来て『タツは俺が尻に敷いている』と言っているんだけど」って。そんなことは、俺は知らないから、こっちは自己紹介の英語が正しいと思ってるし、身なりはちゃんとしていたからさ。行ったらちゃんと社長室に通すんだよね。その顚末は、アーティガンから永島さんにも伝わっていたらしいよ。後で永島さんに言われたけど「ビハインド」は「尻に敷いている」って意味もあるらしく、英語ではそういう使い方はしないいんだって。ニューヨーク行ったって、ロックン・ロールなんだから。プライドもあったし、どれだけ突っ張っていたかわからない。よく、さらわれなかったと思うよ。

俺とジョンとヨーコが一緒に写っている写真があるんだけど、こういう写真は世界でもあまりないから、外国人は驚くんだよね。オノ・ヨーコのところにフリーで入れたヤツはあんまりいなかった。ミック・ジャガーはジョン・レノンのことが大好きだったけれど、ヨーコが邪魔してすぐに会えなかったという話が残っているほどだよ。

ミック・ジャガーといえば俺、10年近くローリング・ストーンズを追いかけていたから、いろんなところに公演を見に行っていたのよ。L.A.のアナハイム・スタジアムコンサート（1978年7月19日）では、会場の球場をぐるぐる石坂敬一さん（当時、東芝EMI）と回ってね。で、平凡パンチで10ページの特集やっていて、ミックのインタビュアーとして、パンチの野田武さんや吉成も一緒にウエストウッドにあるマーキーホテルまで行ったよ。帰国日の午前2時過ぎにミックに会えて、山本寛斎のシャツをプレゼントしてさ。握手した写真が一枚あるんだけど全然リアリティーが違うよ。ミックに45分くらい話を聞いたしさ、朝焼けのサンセットブルバードを走る車の中で、思わず「やったぜえ！」と大声で叫びながら宿に帰ったんだ。東洋人でこんなのいないよ。

ミュージシャン同士だから相手も信用したんだろうね。帰りのパンナムの飛行機に乗って、勢いでこの話を外国人スチュワーデスにしたらさ、機内にあるシャンパンを全部周りの乗客に配ってお祝いしてくれたんだ。永島さんに頼んだんですよ。ミックがどうしても日本に来たいというので。

　永島さんとの出会いは、ビートルズの前だったんだ。俺、単純でね、結局自分でなんでもやるしかないなと思って、そんなときに偶然、永島さんの弁護士だった足達弁護士から嵐田三郎さんを紹介してもらってね。嵐田さんに永島さんを紹介してくれとお願いした。永島さんは本当に実力のあるヤツしか認めなかったんだよ。演歌的というか男が男に惚れるという、そういうのを感じさせる人だったね。威張らないし、とても信頼できたね。まぁそりゃぁ、むこうは完璧ＯＫな人。俺はさぁ、「バカヤローこの野郎」と、しょっちゅう騒いでいるけど人に威張ったことないよ。

　永島さんにはね、娘の也哉子と本木雅弘くんの仲人を頼んだわけですよ。永島さんの奥さん（藤田泰子・元女優）にもぜひとお願いして。明治神宮で行った（１９９５年）のだけれども、人数が多くて入りきれなくてね。皇太后（上皇后美智子）様がお着替えになられた部屋をお借りして。まぁ、こっちは父親として出席していたけど、本当にありがたかった。

　永島さんのように語学が堪能なのはいいよね。也哉子の旦那は俺に似ずとても真面目なヤツなんだよ。ウッド（本木）はさ、家族が全員平和で英語が堪能なの。一度桶川のウッドの実家に行ったけど、お父さんが偉い人だよ。土地をいっぱい持っているのに、朝早く起きて畑仕事をしている実直な人だ。そういう親を見ているから、今もウッドはこだわりというか自分の世界観を持っている。

本木雅弘　俳優

本木雅弘は、14歳のときにジャニー喜多川に見いだされ、アイドルグループ「シブがき隊」（1982年デビュー）のモックンとして活躍。解散後は俳優活動に重点を置き、企画・主演を務めた『おくりびと』（2008年）が、日本アカデミー最優秀主演男優賞、アカデミー賞外国語映画賞を受賞。今や押しも押されもせぬ日本を代表する俳優として活躍している。

「永島達司さんと知り合ったのは、95年7月7日に私と也哉子の結婚式の仲人をしていただいたのがきっかけです。昔から付き合いの深い裕也さんと、その関係で永島さんの存在を特別だと認識していた樹木（希林）さんに頼まれて、引き受けてくださったと思います。

ビートルズでは、ポール・マッカートニーさんの家族との親交が一番深かった、と永島さんから伺いました。お嬢さんのステラさんの話をするときは、まるで自分の娘の話をするようにひときわにこやかだったのが印象的です。ステラさんには第二の父のように慕われていたようで、『ポールに相談するよりタツに相談する方が良い答えが返ってくる』とステラが笑いながら話していたよと語ってくれました。永島さんの面倒見の良さが窺えるエピソードだと思いませんか。也哉子が小さいときに、ロリポップをくわえて永島さんに抱かれている写真が残っていますが、やはり大変優しい表情をされています。

毎年、私たちの結婚記念日には、ご挨拶を兼ねて食事させていただいたり、子供が生まれた祝いの席にも参加していただいたりしました。仲人された4年後に亡くなられたので短いお付き合いでしたが、時を経て永島さんの存在感が、自分の中でじわじわ大きくなっていく感じがします。お会いした回数は少ないのですが、皆さんがおっしゃるように余計なことは、ほとんど話されません。地位のある方はある種の威圧感をなかなか隠せないものですが、あれだけ目を引く風貌でありながら自分の存在を消している。その姿勢がすごいと思います。一方、仕事の場面では底知れぬパワーで、他の人が真似できないハートの強さを発揮するわけですから、単に人柄の良さで人脈が築けたのではなく、いわゆる〝人間力〟があって、かつ力の出しどころと抜きどころを見極める能力がある方だったと思います。

若き日の永島さんは、とても肝の据わった方だったのではないかと想像します。裕也さんが『男の中の男』と言い、樹木さんも『こういう日本人がいるんだ』と感心し、誇らしく思える数少ない人間のひとりだと感じたそうです。白洲次郎さんのように男前で、能力も兼ね備えていて、特異なオーラを放っていたはずです。表に出る華やかなスターではなくても、時代を動かす風のような存在の人が、まるで神に送り出されたかのように時代、時代に出てくるのですね。永島さんもそのひとりだったのではないでしょうか。最初から本物に触れて育ったので、つまらない上昇志向などで自らを飾ることなく、心の内に理想の世界を思い描き、明確にビジョンを持って不言実行し、着々と実績を重ねていく。本当の力と信頼感がある人は、ごく普通に穏やかに振る舞う、ということを証明し、そして教えてくださったのだと改めて思います。

以前、雑誌『ブルータス』の『人間関係』に一緒に登場していただいたとき、照れつつも『わざわざこのように表に出るのは、実はあまり居心地が良くない』と話されていました。繋がりは大事にするけれど常に身軽でいたい、という姿勢は樹木さんと相通じるものがありました。永島さんも穏やかに歳を重ねながら、どこか一匹狼的な質をお持ちなんだろうな、と感じた記憶があります。

私たちの結婚式と披露宴は明治神宮で行われ、東映の岡田茂会長をはじめ各界の錚々たる方々、裕也さんと共に時代を創られた音楽業界の皆さまにご臨席賜りました。あの場で永島さんご夫妻以外の仲人は考えにくかったかもしれません。ある意味、裕也さんと樹木さんが私たちふたりをプロデュースしてくれた最高のステージだったと思います。当時29歳と19歳の私たち夫婦は本当にただの『ひよっことメダカ』です。思えばかなり分不相応でしたが、あれだけの方々に見守っていただいた経験は大変貴重な機会であり、まさに一度きりの大切な想い出です。

樹木さんとかつて映画女優だった泰子（旧姓藤田）さんは、私たちの挙式後にお互い気心が知れた間柄になり、交流が深まりました。私たちも樹木さんと一緒にご自宅へお邪魔してお茶を飲んだり、泰子さんの陶芸作品をいただいたり、楽しい日常が綴られたお葉書もよく届きました。樹木さんとふたりでハワイ旅行に行ったりもしていまして、美しい佇まいに反し、案外ガラッパチな泰子さんを樹木さんも面白がり、とても楽しい珍道中だったようです。

余談ですが、永島さんが樹木さんや也哉子の女性としては低めの声を聞いて『絶対に歌をやった方がいい。美空ひばりでも誰でも、ちょっとアルトの声には、人を癒す力があるんだよ』とおっしゃっていました。その影響もあり、２００５年に也哉子も男性メンバーふたりと一緒にサイボート（SighBoat）というユニットを組んで、アルバムを2枚出しています。ほぼインディーズですが、永島さんに聴いていただきたかったですね。

２０１７年にショーン・レノンさんからかつて裕也さんがプロデュースしたフラワー・トラベリン・バンドの全米デビュー作『SATORI』（１９７１年、全曲英語）の表題曲をカバーしたいと、連絡がありました。聞けばそもそもグループ（フラワー・トラベリン・バンド）の全米デビューの道筋を用意したのが、永島さんなのですね。46年の時を経たジョン・レノンの息子との邂逅(かいこう)は、裕也さんと永島さんの繋がりを象徴している気がします。そして２０１８年、フラワー・トラベリン・バンドの4枚目のアルバムの曲が、今度はビヨンセとジェイ・Zが『ザ・カーターズ』として出したアルバムの曲にサンプリングされています。

話は少し逸れますが、樹木さんは『世間では裕也が悪、自分が善のイメージだけど、内田裕也以上に私は悪しき魂というか、どうしようもなさを背負っている。裕也さんは、99・9パーセント荒くれているけれども、0・1パーセント誰にも真似できない純粋なものを持っている』と言っていました。そして、映画『魚からダイオキシン!!』（92年）は、歌手の宇崎竜童さんが監督、裕也さんが企画・脚本・主演の独特な作品でしたが、私もキャスティングされており、実はこの映画が、私と也哉子の縁を結んでくれたのです。

也哉子は年に一度、母の樹木さんに言われて『父の日』だけ裕也さんに会っていました。とはいっても『お前はいくつになったんだ⁉』の後は、裕也さんが一方的に人生や世の中への鬱憤をまくし立てておしまい、という『父の日』を繰り返していたのですが。也哉子が15歳のとき、裕也さんにその日をすっぽかされたんですね。そして翌日、急に電話がかかり、『昨日はごめんな』のひとこともなく『いま六本木の寿司屋にいるから来い』と。『魚からダイオキシン‼』の関係者での食事会に彼女が来たのです。それが出会いでした。結局、私たちを繋いだのは裕也さんになるんです。そして、その裕也さんの一見めちゃくちゃな振る舞いの奥にある純粋な性質ゆえの叫びを見つけ、理解する『ココロ』を持っていたのが永島さんなんですよね。

おそらく、ある思いや願いを持ち続ける人間への強いシンパシーがあるのでしょう。きっとそういう永島さんの支えに助けられた人々が数多くいるのだと思います。

私が17歳のとき、裕也さんが音楽事務所に刃物を持って殴り込んだというニュースを見たことは、強く記憶に残っています（83年6月28日）。世間の批判が集まるなか、永島さんが裕也さんを擁護する立場にいたことを身内になってから知りました。かつて大勝負をかけて2回もロンドンに行き、ビートルズ側と交渉する永島さんの行動力。それは相当な思いの強さと、大胆さと冷静さがなければ、なかなか成立する話ではありません。永島さんには、やはり常人には計り知れないところがある。そこに外国人は、日本人特有の静かなる闘志、武士道的な佇まいを感じるのでしょう。現れ方こそ違えど、永島さんや裕也さんが、抱き続けた音楽の力を信じる情熱、その思いが世の中に火をつけ、輝いていた熱のある時代への憧れが、私の心にいつまでも消えずに宿っています」

バート・バカラック　作曲家

バート・バカラックは、レノン、マッカートニーと並んで20世紀を代表する作曲家、音楽プロデューサーで、洗練されたポップスシーンを築いてきた。彼は懐かしむように永島のことを次のように電話口で話した。

「タツを一言で表すと、〝Great Smile〟。とにかく、『素敵な心の底からの笑み』を湛(たた)えている人でした。彼には嘘がなく、すべてが本物の紳士そのもの。私にとって本当の生涯の友人でした。タツのことを知ったのは、ブルー・シーズ・ミュージックとニュー・ヒドゥン・ヴァレー・ミュージックの音楽出版権を大洋音楽に委託していたころでした。当時、タツについては、英語が達者で仕事熱心で誠実な人物だと評判の良いものばかりでした。

1971年5月、日本で初めてコンサートを開いた時には、タツがプロモーターでしたが、噂通りいろいろなことに気配りできる素晴らしい人物でした。その後、何度も日本へ行きコンサートを開きましたが、プロモーターはすべてタツでした。日本に滞在中は、我々の面倒をよく見てくれました。素敵な思い出でいっぱいです。京都へ行って、お寺を案内してもらったり、小粋な料理店に連れて行ってくれたことを覚えています。彼のプロモート力やサブ・パブリッシャーとしての音楽出版力（楽曲を管理、開発する力）が、ずば抜けていたのは言うまでもありませんが、ウィットに富み本当に人を惹きつける魅力を持っていました」

第1章

永島家の歩みと戦前の海外生活

偉大な先達

フジパシフィックミュージック会長の朝妻一郎は、永島達司について次のように語る。

「永島さんは偉大な先達で、巨大でした。永島さんとは協同企画の社長と音楽評論家、という形で付き合いが始まりました。私は雑誌『ポップス』や『平凡パンチ』の音楽欄に記事を書いたのです。1966年ニッポン放送が、音楽出版社をつくることになり、現在の会社の前身であるパシフィック音楽出版に転職しました。

67年にはアメリカに行き、有名な音楽出版社やプロデューサーが事務所を構えている通称、ティン・パン・アレー（マンハッタンの28丁目のブロードウェイと6番街に挟まれた一角）の本拠地・ブロードウェイ1619番地のブリル・ビルディングや、そのそばのブロードウェイ1650番地（ニール・セダカやキャロル・キングなどの契約作曲家がいたアルドン・ミュージックなどが入るビル）の前ではうれしくて写真を撮りました。

70年に1カ月にわたってロサンゼルスに滞在したときのことです。私は、スティーブ・バリというプロデューサーについて勉強していました。サブ・パブリッシャーという、日本地域の著作権権利代行の契約を得られないかと思い多くの人に会ったのですが、会う人ごとに『お前はタツ・ナガシマを知っているか？』と聞かれるのです。永島さんがビートルズを呼んだことは周知の事実でしたが、実際にミュージシャンや音楽出版社の人に会うと、口々に永島さんの名前が出てきて、永島さんって、本当にすごい方なんだというのが、最初に感じたことでした。その後、具体的に仕事の話をすると、『俺のところは全部タツと仕事をしているから、一緒に仕事はできない』とか『俺の弁護士と話してくれ』と断られるばかりでした。そのとき初めて、アメリカでは、音楽弁護士がビジネスにおいて大きな力を持っているのだと理解しました。要するに弁護士の間では、タツの名前が知れ渡っていて、しかも、実際に永島さんと仕事をしている人がほとんどでした。たとえ永島さんと仕事をしていない弁護士がいても、その人はすでに渡邊美佐さんか、草野昌一さんとビジネスをしていました。もう新参者の僕などとても付け入る隙がなく、これはまだ誰とも仕事をしてない若くて優秀な弁護士を探すしかないと思ったのが、アメリカでの第1レッスンでした。

僕も自分独自の人脈をつくるしかないと早くから自覚させられたことは大きかったですね。ですが、永島さんは、その貴重な人脈を自分だけのものにしようとはしませんでした。『じゃあ、誰々を知らないのだったら紹介してやるよ』と、非常にオープンでした。実際に、永島さんに音楽ビジネスでの交渉の仕方について聞いてみたこともあります。

音楽出版権の購入を決める際には、日本での利益を見込んで判断するわけです。そのとき前払い金の要求が高すぎて断ったのが、プリンスのアルバムで、リー・フィリップスが弁護士でした。リーの提示する額に対して、これでは高すぎて駄目です、と断ると後に彼が『あれは、タツが引き受けてくれることになった』と言うので、永島さんに『あの額はちょっと高くないですか?』と正直に聞いてみました。すると『弁護士（リー）だってクライアント（プリンス）を満足させないといけないのだから、少し無理と思えても弁護士にもいい顔をさせないといけないんだ』と言われました。

僕は永島さんから弁護士との付き合い方を学ばせてもらいました。おそらく永島さんのところに話がいったときには僕の言われていた金額よりも安かったのではないかと思います。その後、プリンスは世界的に売れたので、決して高い買い物ではなかったはずです。

当時、イーグルスはアーヴィン・エイゾフがマネージメントをしていました。彼の会社、フロント・ライン・マネージメントにいるミュージシャンの著作権は、すべて永島さんの大洋音楽が所有していました。また大洋音楽は、音楽出版社ジョベット（モータウン・レコードの創始者ベリー・ゴーディ・jr.設立）の権利も持っていましたね。ジャクソン5やモータウン・ショウのパッケージを永島さんが手掛けられていたからでしょう」

ホスピタリティ

朝妻の話は続く。

「永島さんは姿勢が良くて指揮者みたいな立ち姿が素敵でした。本当にジェントルマンで、僕らの憧れ、追い越せることは決してないだろうけども、少しでも追いつきたい、という気持ちでいっぱいでした。相変わらずその差は縮まってはいませんね。永島さんの魅力はともかく日本人とは思えない顔立ち、背の高さ、フレンドリーなところ。特に英語は素晴らしいものでした。永島さんのクラスを感じさせるキングス・イングリッシュは、アメリカはもちろんですがイギリスのミュージシャンには『おーっ、この人はすごい』と圧倒する力があったと思います。僕もイギリス人と仕事をするようになって知りましたが、イギリスは階級が根付いている社会です。映画『マイ・フェア・レディ』は、コックニー（庶民の英語）と格調高い英語で会話するシーンがたくさん出てきますが、現実にそういう言葉を話す階級の人がいるのは仕事をしてわかりました。ビートルズのマネージャーのブライアン・エプスタインも永島さんの英語の素晴らしさに感動したひとりだと思います。

キョードー東京がミュージシャンを招聘する際、レコード会社が食事の場を設けることもあります。そうした場所でも永島さんが全部ホストの役割を担い、ミュージシャンの世話をしていました。おそらく海外のミュージシャンが、来日して誰に世話になったかと聞かれたら、タツ・ナガシマの名前を出すと思います。彼は本当にホスピタリティ（心からのおもいやり）にあふれた方でした。スティーヴィー・ワンダー、クインシー・ジョーンズ、セルジオ・メンデス、バート・バカラックなど日本に公演に来て、永島さんに楽曲の代行を預けなかったミュージシャンは、いないのではないでしょうか。永島さんが亡くなった後も『俺たちはタツが好きだったから』と他の音楽出版社に変えようとせずに、彼との繋がりを大切にして、永島さんの遺した大洋音楽に代行を任せていました」

クインシー・ジョーンズ

『ウィ・アー・ザ・ワールド』の楽曲プロデュースなど世界規模で活躍しているクインシー・ジョーンズⅡ世は、タツからのプレゼントを今でも大切にしていると話す。

「僕がタツに初めて会ったのは1962年、『Big Band Bossa Nova』発売の後だね。それ以来、とてもいい関係を築いていたよ。彼は背が高く寛大で面倒見のいい人でした。

眺めていると彼のことを思い出す品があるんだ。それはタツが贈ってくれた映画監督の黒澤明が描いた、ただただ美しく素晴らしい絵だ。映画『乱』の一場面を描いた監督のサイン入りで、美しい漢字とカタカナで書かれた献呈の辞が添えられていた。

タツとしゃぶしゃぶや神戸牛を食べに行ったときは、そりゃ楽しかったよ。あるとき、日本の滞在を3日間延長して、さらに3日居たいと言うと『駄目だよ。日本の神戸牛を食べつくしてしまったので、アメリカに帰らなければいけない』とタツに諭されたことがある。タツは素晴らしい兄弟であり、救世主であり友人でもあった。その国を知るにはその国の人を見よと言うけど、僕にとってタツが日本そのものだった。

彼をひとことで表すなら感情のあるナノテクノロジー。タツにはいろいろな要素があったが、そのなかでも彼は賢く教養があり、文化に尊敬の念を持っていてすべてにおいて素晴らしい要素を備えていたからだ。All right my brother . DOMO ARIGATO. ARIGATO GOZAIMASU」

妹たちが語る兄の面影

永島達司の4歳下の妹、吉田五百子(いおこ)は現在、アメリカのデトロイトに住む。アメリカに渡ってから67年にもなる彼女は、達司のことをとても楽しそうに語った。

「ユーモアのある兄でしたよ。人を笑わせるのが好きでした。茶目っ気もありましたしね。私も、からかわれました。よく覚えているのは、私の名前のことですね。『おまえは、出産のときに500ドルかかったから五百子って名づけられたんだ』って」

見た目は181センチの長身に、日本人離れした顔立ち。非の打ちどころのない兄だったが、口を開くとおかしな話ばかりで真面目な話などしたことがなかったと五百子は笑う。

母親の隆(たか)が、あるときジョンソン基地で働いていた達司に、「あなたは、どういうことをやっているの」と、仕事について聞いたときも、「歌うのが嫌だと泣く歌い手を慰めて、ステージに送り出す役なんだ」そう笑って話したという。

達司は面倒見もよかった。五百子が幼いころのことだ。相撲取りをかたどった紙人形二体を作り、土俵に見立てたお盆の上に置き、互いにお盆を叩いて勝負を競う紙相撲で遊んでくれたこともあった。大雪が降ったときには、雪だるまをつくってくれた。妹を楽しませようとする。そのような兄だった。

その一方で、昔からヘマばっかりする。なにかにつけて失敗をして、そのたびに、「あっ、いけねえ」そう声をあげていたのを、五百子は覚えている。

達司より9歳下の妹の純代（すみよ）から聞いたのは、2度目のアメリカでのことだ。あるとき、達司は連れて来た友達と庭で遊んでいた。楽しげな声が、純代の耳に届いていた。ところが、しばらくすると、急にふたりの声がぴたりと止んだ。純代が出ていくと、庭の隅で、達司が友達と並んでしょんぼりと座っていた。

「どうしたの？」純代が聞くと、達司は大きな体を丸めるようにしながら、悲しげに言ったのだった。

「父さんが大切に育てた菊を折っちゃった」

母も、いつもあきれていた。「体の大きな達司が動くと、必ずなにか壊すのよね」。

おっちょこちょいな面もふくめて、ユーモラスで自由な兄。

「母はそういう達司が可愛かったようです」

「私たちは父の仕事の都合で国内外の、さまざまなところに行きました。達司としては、いつも世界旅行をしている気分だったのではないでしょうか。目まぐるしい環境の変化のなかで、さまざまな人との付き合い方のひとつの手段として、ユーモアのセンスが磨かれたのでしょうね」と五百子は話す。

ただ、普段見せている達司とは違う一面を垣間見る出来事を、妹の純代が覚えていた。これも、ニューヨークのペラムにいるとき、達司が、ジュニアハイスクールに通っていたころのことだ。

ある日、永島家で食卓を囲んでいるところに大家の奥さんが訪ねてきたという。

「息子がガレージに荷物を取りに行くと言って出たまま帰ってこないけど、いるかしら？」

ペラムの家は社宅だが、支店長の家なのでとても大きかった。母屋の横には3階建のガレージがあり、その2階は大家が荷物を置いていた。大家一家もよく出入りしていたのだった。

しかし、そんなことはしょっちゅうだったので、大家の息子がガレージに入ったことなど、永島家の誰ひとりとして気にも留めていなかった。達司が立ち上がった。

「見かけなかったけど、いいよ、一緒にガレージを見に行こう」

驚くべきことが発覚したのは、達司が、大家の奥さんとガレージに向かってわずかしてからのことだった。大家の息子はガレージで倒れていた。それも、頭から血を流して。近くには、ピストルが転がっていた。すぐに警察が来て、遺体は運ばれていった。詳しいことまではついに知らされなかったが、彼が自殺したことだけは間違いなかった。

達司は、思わぬ騒ぎとなっているなか、家に戻ってきた。もう食事どころではなくなっている家族をよそに、先ほどまで座っていた席につくと残っていた食事の続きをはじめた。これには、誰もが驚いた。母が尋ねた。

「あなた大丈夫？　どんな様子だったの？」

達司は食事を続けながら「頭から脳みそが流れ出ていたよ」と言う。達司は当たり前のような顔をして平然としていたので、家族の誰もが言葉を継げなかった。

いつもユーモラスで自由な兄は、その一方で現実を冷静に見つめ、怯まぬ強さがあった。その冷静な目には、彼が育った激動の時代のアメリカ、イギリス、そして、日本はどのように映ったのだろうか。

泥亀永島家

父の忠雄は、1895年に生まれた。東京帝國大学英文学科に学んだ。ボート部で活躍する一方、学業も優秀だった。周囲は官庁に行くことを期待していたが、本人は民間を選び三菱銀行（現・三菱UFJ銀行）に入行。日本の銀行として初めてつくられた外国部に所属していた。

関東大震災が起きた1923年9月1日には、忠雄は初の海外支店となる上海支店に単身赴任中だった。母は、そのときちょうど、達司の長兄・英雄と長姉・博子を連れて父の実家の離れで過ごしており、難を逃れることができた。

達司が生まれたのは、1926年4月26日。その年の末、12月25日に元号が昭和に変わる。達司はまさに激動の昭和が幕を開くのと同時期に生まれたのである。生まれた神奈川県保土ヶ谷町（現・横浜市保土ヶ谷区）には、母親・隆の実家の荒波家があった。その当時は、商家で東海道では名高い酒問屋「伊勢屋」を営んでいた。戦前はかなり羽振りがよく、周辺の土地や戸塚と保土ヶ谷の間の山のほとんどは母の実家の土地だったという。お嬢さん育ちの母は、又従兄妹で幼いころからよく遊んでいた永島忠雄と結婚した。

母親は、編み物の好きなおだやかな人だったらしい。その一方で人との付き合いもうまく、後に夫の忠雄がニューヨーク支店長として赴任した際には、部下の奥さんたちを気遣い、しばしば交流していたという。

父の実家も、また裕福な旧家だった。神奈川県の金沢八景に本家があり、泥亀(でいき)永島家と言えばそのあたりで知らぬ者はなかった。忠雄はその二男として育った。達司に言わせると「金沢八景一帯は、ほとんど親父の実家の土地だった」というほどの財をなした。

永島家に伝わった江戸時代の文書群や黒船来航で知られるペリー艦隊の巻物『米船来航図案』(「旗艦ポーハッタン号」、「ペルリ以下使節の肖像」、「楽隊の演奏風景」)など『永島家文書』は、神奈川県立金沢文庫に寄贈されている。

泥亀永島家第十三代・忠道の第四子、永島加年男の著によると、永島家は、現在の兵庫県北部にあたる但馬国の出身で侍医として徳川五代将軍に仕えた長島家の流れを汲む。寛文年間に、江戸幕府の大老を勤めた酒井忠清から、長島道仙徳元に、それまでの医師としての実績を認められ、隠居地として武州国六浦(現・横浜市金沢区)近郊を与えられた。この地は、室町時代から塩田の地として知られた町屋・洲崎村などが点在していた。永島家が、泥亀永島家と呼ばれるのは徳元の雅号「泥亀」に由来する。代を重ねて「長島」は「永島」と表記を変え、泥亀永島家と呼ばれるようになった。徳元の長男祐伯で、金沢の開拓、塩業も進み、一帯が永島家の土地となった。

荒波家が寄進した土地に建てられた龍華寺は永島家の菩提寺で、永島家がこよなく愛した牡丹の花が4月中旬に満開となる。第三十三世にあたる和田大雅住職は、達司と雅号についてこう語る。

「永島達司さんは、何かあるとおひとりでよくお参りに来られていました。もの静かで凛とした方でした。『泥亀』は『荘子』に記されていますが、地位・名誉にこだわらず、泥の亀のようにのんびりと自由に人生を生きることが、先祖の遺訓だったのでしょうか? 私には単にのんびり生きることではなく、社会に貢献することの大切さも含まれているような気がします」

しかし、達司が生まれたころの泥亀永島家は、かつての隆盛は衰えていた。明治時代に入り、亀代司が政財界活動を始め、神奈川県会議員を2期務め、1896年神奈川県農工銀行の取締役にも就任。1902年第7回衆議院総選挙から3期衆議院議員を務める。泥亀の家を訪れていた伊藤博文が暗殺されたのを機に、政治から身を引き58歳で他界した。

明治末期に塩業の専売化が実施された。泥亀永島家の生計の基盤は完全に失われ、銀行業も第一次世界大戦後の激動期に破産。さらに、1922年9月1日に起こった関東大震災で大方の家屋は倒壊した。広大な土地もほとんど借金の担保に入っていたのである。その借金を忠雄の兄・忠道が引き継ぐことになる。忠道の転勤で一家は、満州国新京に移住するが、忠道以外の家族は41年7月に日本に帰国。忠道はモンゴルで毛皮の会社を興すが、その12月に太平洋戦争が始まり、そこで終戦を迎え財産を全て失ったと、娘の足立芳枝、水代彰子が語っている。

はじめての渡航

達司が「ビッグ・タツ」と呼ばれ、自分の預かり知らぬところで「俺はあいつのことを知っている」とまで自慢されるほど、世界に名を馳せるようになるのはふたつのものを身に付けていたからだった。そのひとつが、後に達司が設立する協同企画に所属していた歌手、西城慶子の言葉を借りるなら「キングス・イングリッシュ」とまで言わしめた英語力。そして、誰にも真似ができないほど、類まれなる広がりを持つ「人脈」の広さだった。達司の人生において、そのふたつを修得するのに役立ったのが、幼いころからの海外での生活だった。

達司がはじめてアメリカに渡ったのは、3歳のときで、1929年5月末のことだった。父の忠雄が、ニューヨーク支店に赴任することになったのである。乗船記録によると、一家が乗ったのは、日本郵船のはじめての太平洋航路の定期便である「大洋丸」。大洋丸は、第一次世界大戦後の賠償船として最終的に日本に譲渡され、29年5月4日大蔵省から払い下げられた客船。当時、日本郵船の太平洋航路最大の汽船で、船内にはダイニングルーム、ウィンターガーデン、ジャーが備えてあり、客室は広々とした魅力的で気持ちのいい機能と内装を施していたという。いくつかの部屋には、付属の専用浴室もあった。当時の乗客が求める最高の快適さを提供していた。

乗船したのは、父の忠雄、母の隆、長兄の英雄、長姉の博子、達司の5人だった。永島一家を乗せた「大洋丸」が横浜港を発ちハワイのホノルルに寄港し、アメリカ西海岸のサンフランシスコ港に入港するまではほぼ1カ月かかった。入港は6月24日。そこから大陸横断鉄道で、シカゴ経由で東海岸のニューヨークへと赴く。

永島一家は、このとき、ニューヨーク市と隣接するロングアイランドに住むことになるのだが、当分の間、ニューヨーク市内のホテルでの滞在をせざるを得なかった。三菱銀行が用意したロングアイランドの新居には、前任者がまだ住んでいたのである。永島家は、その家が空くのを待ちながら、ホテルでの仮住まいを強いられた。

そのうち世界を巻き込む大恐慌の兆しがニューヨーク市場で起こる。1924年あたりから上昇傾向だったトレンドが一転、29年9月4日ころに株価が下落し、恐慌へと広がる動きが顕著となる同年10月24日木曜日に大暴落、28日月曜日も暴落し、29日火曜日さらに株価が大暴落した。いわゆるウォール街大暴落であった。その波紋は世界へと広がっていく。世界恐慌は、29年から32年の間に、世界の国内総生産（GDP）を推定15％減少させたといわれる。

30年2月、五百子はホテルで生まれた。「出産に500ドルかかったから五百子と名づけられたんだ」と達司が五百子をからかうのはこのときのことを指していた。この時期に、父は、家族との思い出を留めるために、イーストマン・コダックの16ミリフィルム「シネコダック」を購入していた。フォード・モデルT（通称T型フォード）に乗り、家族で楽しむ姿、父親と達司が拳銃ごっこをして戯れる姿、家族で水泳をしている姿など永島家を物語る貴重な映像が残されている。

キングス・イングリッシュ

ニューヨークで3年を過ごした永島一家は、達司が6歳のとき、父親のロンドン支店異動に伴い、32年6月23日アキタニア号でサザンプトン港に着き、イギリスに移り住む。34年に発行された「日本人名録並に倫敦小案内」という出版物がある。それによると、三菱銀行ロンドン支店は、ロンドン・コーンヒルのバーチン・レーンにあった。支店長は、永島一家のニューヨークでの身元保証人だった須賀義一。行員は、忠雄のほかに、桑原義雄、青木岩雄、田村正樹、中野亮雄がいた。ロンドン在住の日本人が集まる社交場「日本人會」に参加する会員は、４０１名いたという。会頭は、松平恒雄在英帝国大使館特命全権大使が務めていた。

達司と英雄の兄弟は、永島一家が住んでいたロンドン北部、ユダヤ人が多く住むゴルターズ・グリーン地区にあるウッドストック・スクールに通った。偶然にも、そのスクールには、地元出身のヴィック・ルイスも通っていた。彼は、母方の祖父がミュージシャンだった影響を受け、スイング・ストリングス・カルテットを結成。１９５９年、60年の2回アメリカツアー後は、転身して自分のエージェントを立ち上げた。63年末、ニューヨークのＧＡＣ（ジェネラル・アーティスツ・コーポレーション）から、ＧＡＣロンドンを引き継ぐよう依頼され引き受けていた。ビートルズのマネージャー、ブライアン・エプスタインは65年にヴィック・ルイス・オーケストラを買収し、彼ふたりをはっきりと覚えていた。

1966年6月16日にジャパンタイムズに掲載された「ビートルズの予約係、ヴィック・ルイス」の記事で、ヴィック・ルイスはこう語っている。

——電話の後、ヴィックとタツが直接会うと、ふたりにはいくつかの共通点があることがわかった。ふたりはそれぞれの国での国際的スターの最も重要なプロモーターだった。そして、最も驚くべき偶然の一致は、ふたりとも第二次世界大戦前のロンドン北部のゴルダーズ・グリーン地区にあるウッドストック・スクールに同時期に通っていたことである。ヴィックがタツ（弟）とヒデオ（兄）を覚えているのは、彼が言うように、『全校で唯一の日本人の子供たち』だったからだ——

イギリスの微生物学者、ジョン・ポストゲートは、ウッドストック・スクールについてこう語っている。「11歳になる前、私はゴルダーズ・グリーンにあるウッドストックという私立学校に通っていました。非常に英国的な学校でしたが、多国籍な生徒が在籍していたので、肌の色に対して何の偏見もなく育ちました。私の親友はインド人で、親友に続く友人は日本人とオランダ人でした」

弟の童話作家、オリバー・ポストゲートは、「ゴルダーズ・グリーン通りにある広々とした校舎と敷地に約200人の生徒を擁する学校でした。オランダ人のデ・ヴリース夫妻によって運営されて、学校の雰囲気は、上品でフレンドリー、敬意を重んじる、しっかりとしたものでした」と語る。ウッドストック・スクールで、ヴィック・ルイスが覚えていたのは、ルイスより7歳下の達司ではなく、ルイスより1歳下の兄・英雄かもしれない。それにしても永島兄弟を知っていたのは、まさに思いも寄らぬ偶然だ。このことは、達司を「ビートルズを日本に呼んだ男」に近づける要因のひとつとなる。

達司自身は、学校でいじめられたり意地悪をされたりした記憶はない。それは、アメリカでも同じだった。ただ、それでも、達司は、まわりの子たちに負けてなるものかと思っていたらしく、一所懸命勉強した。「いつも優等生だった」と母は語っている。

そして、ロンドンでの達司については、ひとつエピソードが残っている。ウッドストック・スクールでのエピソードだ。達司はいつも朝一番に出かけるのに、なぜか学校に遅刻していた。先生が、その訳を問いただすと、達司は、「レディ・ファーストの国だからです」と。

イギリスはレディ・ファーストの国だと聞かされた達司は、かたくななまでにそれを守っていた。通学のためにバス停に並んでいて、自分の後ろに女性たちが並んでいると、その女性たち全員が乗り込むまで「どうぞ、どうぞ」と順番を譲りつづけた。そのために、達司自身は乗れなかったのだ。

この間、日本は33年には国際連盟を脱退していた。

達司が海外で生活したのは、ニューヨークで3年、ロンドンで2年、足掛け5年を海外で暮らし、一度日本に帰った。帰国当初、永島一家が居を構えたのは目黒区大岡山だった。その後に杉並区の阿佐ヶ谷に移った。五百子の証言では、各地を数年単位で移り住んでいた。35年5月には、三女の純代が生まれた。

ふたたびアメリカへ

国際的な緊張が深まる1938年9月、永島家は、ふたたびアメリカに渡ることになった。父親の忠雄が、2度目のニューヨーク支店への転勤を言い渡されたのである。今度は支店長として赴任だった。乗船記録では達司は12歳となり、龍田丸で10月12日にサンフランシスコ港に着いた。

このとき、長男の英雄は父親の勧めもあって日本に残った。英雄は、英語、フランス語、ドイツ語、ラテン語と4カ国語を話せるほど能力が高く、その当時、宮城県仙台市にあった旧制二高等学校（1950年廃校）に通っていた。医学の道を目指し、東北帝國大学（現・東北大学）医学部への進学を志望していたからだった。妹の純代に言わせると、英雄はさまざまなことが見えてわかってしまうせいか、優秀ではあったが、あまり授業に出ていなかった。誰にでも礼儀正しく接して、人を小馬鹿にしたことはなく、むしろできない人に優しかったそうだ。

母は、たびたび仙台まで足を運んだ。校長の阿刀田令造先生に呼び出されるからである。純代が一緒に出かけていったこともあった。英雄は、校長の西洋史の授業だけは唯一欠かさず受けていた。校長が、点数だけで生徒を見るのではなく、英雄を高く評価してくれていた。何度も退学になりそうな英雄を「私の生徒として学校に残す」とかばってくれていた。英雄は、そのおかげで、なんとか旧制二高を卒業できた。進学したのは東京帝國大（現・東京大学）農学部。医学部ではなかった。

五百子は、のちに両親が話していたのを覚えている。

「あのとき、英雄も一緒に連れていけばよかったのかもしれない」

両親としては、アメリカに連れていけば、英雄らしい違う人生を歩めたかもしれない。そのような悔いがあったのではないか。五百子はそう思っている。

五百子の記憶では、2度目のニューヨークで住んだ家には金魚が泳ぐ水槽があったという。父親が、長い船旅でも死なぬように、水を入れ替えたりして大切に日本から持ってきたものだった。

最初に住んだのは大きなマンションだった。それから、ニューヨーク州ウエストチェスター郡ペラム（Pelham）に引っ越した。ペラム（メトロノース鉄道ニューヘイブンライン）は、ニューヨーク市の北にある高級住宅街として知られ、マンハッタンへの交通の便もよく、治安もよく安心して暮らせる街だった。

達司は、ジュニアハイスクールに通うころには、身長が同じ歳の友達よりかなり高かった。アメリカでもさすがに目立った。バスでも列車でも乗り物に乗っているとその体格のよさがわかった。頭ひとつ抜けて高かったからだ。それでいて、彫の深い顔立ち。五百子には、自慢の兄だった。

達司は、ジュニアハイスクールではアメリカンフットボールをはじめた。練習の後には、シモーヌ（Simone）という親友とともに帰ってきて、途中で買った缶詰のスパムを頬張っていた。ひと缶で1ポンド、ほぼ450gのスパムをぺろりと平らげた。

達司はいつのころからか、ジャズに魅せられていた。永島家三女の純代が5歳か6歳のころのことだったと記憶しているが、ペラムに住んでいるころ、達司の部屋からはいつも、ラジオから流れるジャズのサウンドが聞こえていた。

純代は、母が心配そうにこぼしていたのを覚えている。

「達司はいつもあんなにラジオをかけて勉強しているけど、大丈夫なのかしら」

試験勉強のときも、達司がよく聞いたという『ラッキーストライク・ヒットパレード』をはじめとする音楽番組からは、トロンボーン奏者で「イン・ザ・ムード」「ムーンライト・セレナーデ」で知られるグレン・ミラーとその楽団、それに、ジョージ・ガーシュインの「ラプソディ・イン・ブルー」を演奏しシンフォニック・ジャズの時代を切り開いた、指揮者兼バイオリン奏者のポール・ホワイトマン、「キング・オブ・スイング」と呼ばれたクラリネット奏者・ベニー・グッドマンらの曲がよく流れていた。20世紀初頭にアメリカ南部の港町ニューオーリンズで生まれたジャズは、そのころビッグバンド時代を迎えていた。大人数でジャズを奏でる形式が流行っていたのだった。達司は、1939年5月に、ニューヨークのパラマウント劇場を訪れ、ザ・グレン・ミラー・オーケストラの演奏を見たと五百子は語る。本場のジャズは達司の身近なところにあった。

ラジオから流れてくるのは、心躍らせるジャズの音色だけではなかった。永島家のハウスキーパーのマーサは、常にラジオに耳を傾けていた。彼女は、ドイツから出稼ぎに来ていた。そのころのドイツは、「自分たちこそ最も優秀な民族だ」とドイツ国民に訴えかけ、独裁政治体制を固めたアドルフ・ヒトラーが率いて、日に日に周辺諸国との緊張感を強めていた。その一方で、日本、イタリアに近づき、ついには日独伊三国防共協定を結んだ。第一次世界大戦に引き続きふたたびドイツが戦争を起こしかねない。そんな気配がラジオから流れてきて、ある日、マーサはハウスキーパーを辞めてドイツへと戻っていった。

その代わりに来たのが、アイリッシュのエリザベスだった。ハウスキーパーは、メイドと異なり経歴のわかる紹介状を携えていて、執事や家宰の役割をはたしていた。エリザベスは、当初、戸惑った。日本人の家にハウスキーパーに入るのであれば、すべて日本式にしなくてはならない、と覚悟して永島家にやってきたのである。家に入るときには靴を脱ぎ、食事もほぼ日本食、会話も日本語ばかり。そのような家庭だと永島家のことを思っていたらしい。

だが、永島家は、むしろハウスキーパーに合わせていた。英語で話し、食事も生活スタイルもハウスキーパーに任せていた。エリザベスも改めて自分の生活スタイルと言われて戸惑ったが、次第に永島家の流儀に慣れていった。永島家も、エリザベスのことを家族の一員として接した。

三女の純代は、エリザベスのそばに常にくっついて歩いていたことを覚えている。現地の幼稚園で「マザーグース」の芝居をすることになり、純代も役をもらった。エリザベスは、純代が台本を覚えるのを手伝ってくれた。セリフは「今日はどこへ行くの？」と聞く程度だった。しかし、エリザベスは、階段一段一段に掃除機をかけながら、横にいる純代にそのセリフを言わせた。

「そのセリフが言えたら、一段階段を降りてもいいわよ」

彼女は楽しんでいたのだろうが、純代は、セリフを特訓させられた気分だった。純代は振り返ってみて、幼稚園でも普段の暮らしのなかでも、日本人だからといって特別な目で見られたことはなかったと記憶する。

五百子によると、父は、ゴルフが好きだったという。

毎朝、早い時間に起きてゴルフの練習をするのが日課で、休日の土曜日になると、ドライビングレンジ、日本で言う、ゴルフ練習場に同僚たちと出かけた。腕もかなりのもので、大会で優勝してはトロフィーを持って帰ってくることもあった。

ドライビングレンジには、五百子もついて行くことがあった。その帰りには、グリーンハウス（園芸店）に立ち寄り、花の種を買うのが習慣になっていた。父は、草木を育てるのも好きだった。

朝顔は夏になると大輪を咲かせた。日本のサクラソウをつくって現地の新聞に載ったことがあった。特に父が好きだったのは菊で、毎年小さな菊の苗から成長に合わせて鉢を替えて育て、秋になると日本を思い出させる花が開いた。その影響もあって、五百子も花に触れるのが好きだった。

しかし、この父親の園芸趣味は、ハウスキーパーのエリザベスを困らせた。父は、週末だけでなく、仕事を終えた後も必ずといっていいほどグリーンハウスに寄ってくるのである。

たいてい銀行を出る時間は決まっている。そのまま帰れば十分にディナーに間に合う。ところが、当然、間に合わない。しかも、遅くなっても、悪びれたところがない。日本では一家の家長として当たり前だったのかもしれないが、アメリカやヨーロッパの人たちの常識からいえば信じられないことだった。家族揃って食べるのが夕食だ。それに合わせてみんな帰ってくる。しかし、永島家では忠雄が遅くなっても、家族はなんとも言わない。

「日本人は、やりにくい」と、エリザベスはよくこぼしていた。

永島家は、家族仲がよかった。五百子は、5歳下の純代とともに、長女の博子、達司に連れられて、家の近くにあるライ・ビーチ（Rye Beach）で休日を過ごしたことを覚えている。グッドヒューマー（Good Humor）のチョコレートを棒に巻いたアイスクリームを買って帰った。

サマーバケーションでは、アメリカ本土の最東北部に位置するメイン州に出かけた。湖面が紫に染まるムースヘッド湖の湖畔にあるコテージに泊まったことがある。父はそこで得意の泳ぎを披露した。先のロンドン滞在時にも家族が海岸で泳ぐ姿が、父の遺したイーストマン・コダックの16ミリフィルムにおさめられている。

ニューヨークで開かれた1939年の万国博覧会に家族で出かけて、当時のアメリカ駐在大使が居合わせた様子も映されていた。この万博は、アメリカ初代大統領ジョージ・ワシントンの大統領就任150周年を記念し、二度にわたって開催された。39年4月30日から10月31日、それから半年ほどのちの40年5月11日から10月27日にかけてだった。開催地のニューヨーク市クイーンズ区のフラッシング・メドウズ・パークには、ゼネラルモーターズ、フォード・モーター、ウェスティングハウスなどのアメリカを代表する大企業のパビリオンが建ち並んだ。それは、イギリス、日本、中華民国、フランス、ソビエト連邦といった世界各国の国や自治体などによるパビリオンと同様か、それを上回る規模だけに注目を浴びた。

万国博覧会のテーマは「明日の世界、建設と平和」だった。万国博覧会開催中の1939年9月、前任のハウスキーパーのマーサが心配していたようにドイツが戦争を仕掛けた。ポーランドに侵攻したのである。それを皮切りに、第二次世界大戦が勃発した。40年6月には、ドイツはフランスを休戦状態に追いこんだ。イタリア、ドイツと三国防共協定を結んでいた日本は、その3カ月後の9月、さらに踏み込んだ形で日独伊三国軍事同盟を締結した。これに対して、41年3月、フランクリン・ルーズベルト大統領がレンドリース法を成立させ、中立を守っていたアメリカが、世界的な情勢に対して旗幟を鮮明にしたのだった。さらに、日本、ドイツ、イタリアに対し、石油禁輸を発表して、日米関係は急激に緊張状態に陥り開戦も間近と見られていた。

引揚命令と開戦

そのころ、三女の純代は、幼稚園の先生に言われたことを覚えている。

「スミは、日本に帰るの?」。41年初夏のころだった。純代は答えに困った。どうしてそんなことを聞くのか、わからなかったのである。純代の様子を察して先生が言った。

「聞いてないのならいいのよ」

純代は何も聞かされていなかったが、永島家はニューヨークを離れることになっていた。アメリカに赴任している日本人の家族に対し、引揚命令が下り、父の忠雄はひとり残ることになった。文店長として、支店を閉めるための残務があったのである。

達司らがサザン・パシフィック鉄道に乗ってシカゴ経由でサンフランシスコに向かったのは、41年6月のことだった。ニューヨークを出立するその日、達司が車内から「あれ、エリザベスじゃない」と、走りながら電車に駆け寄る彼女に気づいた。エリザベスは、母の大好きだった行きつけのお菓子屋のマロングラッセを手にして駅まで見送りに来てくれた。母は、エリザベスの手を取り、人目もはばからず声を上げて泣いた。家族のように過ごしたエリザベスと別れることを悲しんだ。

帰国途中、サンフランシスコで足止めを食った。アメリカ政府が在米日本資産の凍結、石油の対日禁輸を決めていたので、重油の調達に時間がかかったのだった。出港までに何日かかるかわからない。日本では、物資が不足していると聞きこんでいたので、家族でサンフランシスコの街を歩いてまわった。母はリネン品や雑貨品を毎日のように買いこんだ。冷蔵庫やガス台も買った。

ほぼ1週間遅れで、永島家は、龍田丸に乗船し日本への帰途についた。

達司は、横浜港に着いた途端、「アメリカと戦争をしたら必ず負ける」と感じ、「戦争なんかでは死にたくない」と思ったという。そのことは、後に長男の智之に語っている。一家が東京市淀橋区の大久保（現・新宿区大久保）の家に落ち着いたのは、8月の終わりころだった。隣の戸山界隈とともに、華族や実業家の邸宅街として知られ、文筆家や芸術家も住んでいて「大久保文士村」とも呼ばれていた。母は、挨拶代わりにサンフランシスコで買いこんだ品物を近所の人たちに配り、とても喜ばれた。家電製品のうち、冷蔵庫はかろうじて使えたものの、ガス台はアメリカの規格が、日本の規格に合わず、使えなかった。

1925年4月11日「陸軍現役将校学校配属令」が交付され、配属将校は、男子の中等学校に配属され、軍事教育を担当した。太平洋戦争が始まると配属将校に卑屈になる学校が増えた。達司は、帰国後、フレンチ・カソリックの流れを汲む暁星中等学校に通うが、その初日、アメリカのときのように、長髪で紺のブレザーに赤いネクタイを締めて登校した。その姿は、当時の平均身長よりも抜きんでて高く目立っていた。校門を入ったところですぐに配属将校に怒鳴られた。

「貴様、その格好はなんだ！」。達司は、そのまま床屋に連れて行かれ、髪の毛をばっさりと切られ、丸刈りにされた。

「学生服を着てゲートルを巻いて登校するように」と、厳命された。

その後、達司は早稲田第一高等学院に入学する。


1941年12月8日の朝7時、ラジオから定時の時報が流れた直後、臨時ニュースのチャイムが鳴り響いた。それとともに館野守男アナウンサーが張りつめた声で伝えた。

「臨時ニュースを申し上げます。臨時ニュースを申し上げます。大本営陸海軍部十二月八日午前六時発表、帝国陸海軍は本八日未明西太平洋に於いてアメリカ、イギリス軍と戦闘状態に入れり」

41年12月8日、午前3時35分（ハワイ時間12月7日、午前7時55分）、日本軍によるアメリカ・ハワイ諸島オアフ島の真珠湾攻撃が開始された。第1次攻撃隊の急降下爆撃隊の99式艦上爆撃機は、真珠湾に臨むヒッカム陸軍飛行場を急襲した。そこには空母の脅威となる大型爆撃機が配備されていたからだ。18発の爆弾が投下され、格納庫が破壊され、戦禍の傷跡が刻まれた星条旗が残され、同飛行場は壊滅的な打撃を受けた。戦艦8隻を撃沈させるのをはじめ、アメリカの太平洋艦隊を一時的に行動不能に陥れた。空母3隻はハワイを離れていたため、決定的なダメージを与えることはできなかったが、このことにより、日本は、本格的に米英などと戦争状態に突入した。この真珠湾攻撃で亡くなったのはアメリカ側約2500人、日本側60人といわれている。

達司より9歳年下の純代は、帰国した翌42年4月、北多摩群（現・三鷹市）の明星学園初等部（現・明星学園小学校）に入学した。純代は日本での暮らしに、ニューヨークの暮らしでは感じたことのない違和感を抱いていた。当時の日本人からすれば、まわりの子とは違う服装をしているうえに、アメリカの幼稚園だったので日本語での会話は慣れていなかった。「ナガシマは男言葉をしゃべるぞ」と、男の子たちは、はやし立てた。容貌は日本人でありながら、外国人のような純代を変わった女の子としてまわりは見た。純代自身、海外の暮らしに馴染んでいて、報道を通して伝わる「鬼畜米英」などという戦意高揚を意図した言葉に違和感を抱いていた。

一方、父は帰国できなかった。達司らが乗った龍田丸が最後の引揚船となった。父は、日米開戦と同時に、自由の女神像のあるリバティ島に近いアッパー・ニューヨーク湾のエリス島に抑留された。大切にしていた写真機、16ミリフィルム、プロジェクターも取り上げられてしまった。父は、五百子に、捕虜として捕まっていたころの収容所での生活をこう語っていた。

「イモの皮を剝いたり、キッチンの支度をやらされたりしたよ」

家族が、父の帰国を知ったのは翌1942年7月終わりのことだった。朝日新聞に載った野村吉三郎駐米大使をはじめ抑留された日本人が、交換船で日本に向かっていることを報じた記事である。北アメリカ・中南米諸国にいた帰還者を乗せた交換船、グリップスホルム号が6月18日にニューヨーク港を出港、ブラジルのリオ・デジャネイロを経由してアフリカ大陸の喜望峰をまわってポルトガル領東アフリカのロレンソ・マルケス（現・モザンビークの首都マプト）に着いたことが書かれていた。ポルトガル領東アフリカは中立国で、そこで、在留邦人ニューヨーク1066人、リオデジャネイロ383人、他タイ人19人、合計1468人と、ジョセフ・グルー アメリカ駐日大使をはじめアメリカおよび連合国側の1546人を交換することになっていた。（人数は諸説あり）

「お父さんが帰ってくるわ」と、五百子は思わず声を上げた。ロレンソ・マルケスで在留邦人らを乗せた浅間丸は、8月20日、横浜港に着いた。

帰国後、父は三菱銀行から三菱本社の4代目総帥・岩崎小彌太の秘書役室に異動となり、家も東京市牛込区の市ヶ谷台町（現・新宿区市谷台町）へと移った。

空襲と姉の死

戦局は悪化する一方だった。真珠湾攻撃こそアメリカに打撃を与えたが、父が帰国する直前の42年6月、太平洋上のミッドウェー島付近で互いの機動艦隊が対峙したミッドウェー海戦では、日本海軍は、主力の航空母艦と経験豊富なパイロットの多くを失った。それ以後、圧倒的な工業力と合理性に長けたアメリカの戦略の前に、日本は各地で敗戦を重ねていく。大本営発表による、各戦線での連戦連勝とは裏腹に、食糧をはじめとした物資も不足しはじめた。

「欲しがりません勝つまでは」の戦争標語とともに、国民は質素な生活を強いられた。

忠雄がゴルフで優勝してもらったカップをはじめ家にある金属類は供出させられた。若い世代も駆り出された。東京帝國大学に通っていた長男・英雄は43年10月21日、明治神宮外苑球場で行われた学徒出陣で、海軍の横須賀基地に海軍中尉として出征した。

長女の博子は、父が勤めていた三菱銀行で働きはじめた。同世代の女子が駆り出される勤労動員を避けるためだった。達司も、早稲田大学の理工学部に進学した。「理系なら徴兵されることはないから」と兄・英雄からのアドバイスがあったからだった。

東京への空襲がはじまったのは、44年11月24日からで、106回の空襲を受けた。同年4月から、明星学園初等部に通っていた三女の純代は、市ヶ谷台町近くの四谷三丁目で市電に乗って新宿に出て、中央線で吉祥寺まで向かった。その行き帰りの電車のなかで、警戒警報を聞くこともあった。そのときには、ほかの乗客とともに電車から下り、近くの防空壕へと避難した。自分の命が危ういときにもかかわらず、「お嬢ちゃん、早くこっちへいらっしゃい」とかばってくれた中年男性がいたことを今も覚えている。

アメリカによる日本本土への空襲作戦は、綿密な地勢調査だけでなく、関東大震災はもとより、江戸時代に頻発した江戸の大火まで検証していた。火元、風向き、延焼状況、被災実態を分析した結果として、日本の大都市は木造住宅が密集しており、大規模な効果を与える攻撃は焼夷弾によるものだと結論づけていた。

「焼夷弾は一発直径8センチ長さ50センチの六角柱のものが束ねられている。投下後上空700メートル程度で分離し、一斉に地上に降り注ぐものだった。その筒状の焼夷弾を束ねていた、私たちが『蓋』と呼んでいた、円盤状のものが江戸東京博物館に展示されていた」と純代は語る。

1941年11月に改正された「防空法」によって、働ける隣組員の「退去禁止」「消火義務」が定められていたという。

このような状況下で、長女の博子は、隣組で行なう防空演習でバケツリレーの練習をし、実際に空襲を受けたときには近所の消火にまわっていた。達司も、焼夷弾が近くに落ちたときには、火叩きで火を消してまわった。

1945年3月10日のいわゆる「東京大空襲」からおよそ2週間が経った3月25日の夜もB29からは容赦なく焼夷弾がばら撒かれた。永島家のある市ヶ谷台町にも落下して一家は三方向に逃げた。三女の純代は母と、長女の博子は次女の五百子と、達司は父と一緒に避難した。

母の隆は、三女の純代に話していた。

「空襲の怖さは、火の手を逃れて行く先でまた焼夷弾が落ちて火の手があがって、行く手をさえぎられることよ」

翌朝、純代は、母と家に戻った。周りは焼け野原と化していて、家が建っていたあたりまでたどり着くと、父と達司の姿が見えた。ふたりは、呆然と立ち尽くしていた。残っていたのはピアノ線だけだった。アメリカやイギリスで撮った思い出深い写真もすべてが焼き尽くされてしまった。

そのうち、博子と五百子が戻ってきた。家族の無事、それだけが唯一の喜びだった。空襲で焼け出された永島家は、父親の同僚である石黒の家に身を寄せた。麻布区（現・港区）の鳥居坂の近くで、岩崎小彌太邸の一角にあり、後の財閥解体で接収され、現在、国際文化会館となっているあたりだ。そのころ、石黒の家族はすでに疎開し東京を離れていた。

しかし、5月に入ると、東京の山手地区を標的とした大規模な空襲がはじまった。5月23日には旧麻生区（現・港区）の桜田町、飯倉町、笄町、新堀町などが被災。翌24日も旧麻生区では１５００名を超える被災者を出す空襲を受けた。あきらかに空襲の目標は鳥居坂にも近づきつつあった。そして、5月25日深夜——。永島家は、父を先頭に焼夷弾が降り注ぎ方々で火の手が上がるなか、隣組の消火活動に協力していたのだった。

「博子がやられた！」と、父の叫び声が響き渡ったのを、三女の純代は耳にした。

その夜遅くに飛来した爆撃機Ｂ29が上空から落とした焼夷弾の蓋が、長女の博子の腰に直撃したのである。博子は病院に担ぎこまれたが、出血多量で２日後の5月27日に息を引き取った。その日は、母親の誕生日だった。病院には、治療を施すだけの設備も医薬品もなかったのである。

姉は23歳だった。

彼女の周りにはいつも穏やかな空気が流れ、職場でも責任感の強さと分け隔てない気配りで、誰からも好かれていたという。姉の遺影は、ペラムのハイスクールでの卒業写真だった。妹の純代から見ても美しい姉が、そこには映っていた。その遺影を前にして、母は涙を流し続けた。このように取り乱す母を、純代はそれまで見たことがなかった。

――姉はささやかに葬儀もだして永島家の墓所にお骨は納められているが、その後に亡くなった方はご遺体を荷車に積んで学校の校庭で荼毘に付されたと母から聞いた。『防空必携』の指示に忠実に従って、『手製の火叩き』で降り注ぐ焼夷弾に立ち向かった善良な市民たちの死が報われることはなく、東京だけでも11万人を超す死者を数えた。そして当然のことながら、靖国神社とは無縁の所にいる――と純代は「むれの会」の冊子に執筆している。

住む家を失い、博子も失った失意の永島家を救ったのは、博子の縁だった。博子が通った旧制成城高等女学校（現・成城学園中学校高等学校）の同級生・藤江さんが声をかけてくれた。

「家の離れがアトリエになっているのでそちらをお使いください」

藤江さんの母親は画家で、その離れをアトリエとして使っていた。大きな部屋に小さな台所とトイレがあった。それからしばらくして、達司らが帰国する際に同じ引揚船に乗っていて、近くの成城に住んでいる博子の友人でヴァイオリニストの大村多喜子さんが訪ねてきた。

「東京は危ないので、成城を離れることにしました」

多喜子さんは、夫で建築家の吉村順三とともに軽井沢に疎開するという。それにあたって、成城学園にある彼女の実家も売りたいと話した。のちに日本の伝統とモダニズムの融合を図った建築家として名を馳せ、奈良国立博物館新館、青山タワービル・タワーホール、八ヶ岳高原音楽堂、箱根ホテル小涌園などを設計する吉村が設計した家だった。それほど大きな家ではなかったが、合理的で、生活するのに便利な造りになっていた。

母や五百子を驚かせたのは父だった。いきなり、その家を買うと言い出したのである。

「東京から皆逃げようとしているのに」、「いつ空襲を受けて焼けてしまうかわからないのに」

周りは反対した。こういう状況で、家を買うのは正気の沙汰とは思えなかった。

しかし、父・忠雄は、こう言ったのだった。

「なんだか、博子が買いなさいと言っているような気がするんだよ」と言って、父はその家を当時の額、４万円で買った。原爆が広島に投下される２週間ほど前だった。日本がポツダム宣言を受諾したのは、１９４５年８月14日。翌15日終戦を迎えた。

終戦後、アメリカ政府から、父の元に通知書が送られてきた。父が、なんのことかと封を開けると、接収品の返還を知らせるものだった。イーストマン・コダックの16ミリフィルムやプロジェクターをはじめとして、拘留された際に取り上げられたものすべてが戻ってきたのである。捨てられてしまったと思いこんでいただけに、父だけでなく、母も五百子も驚いた。このおかげで、父・忠雄が撮った博子の在りし日の姿や家族の思い出も永島家に残ったのだった。

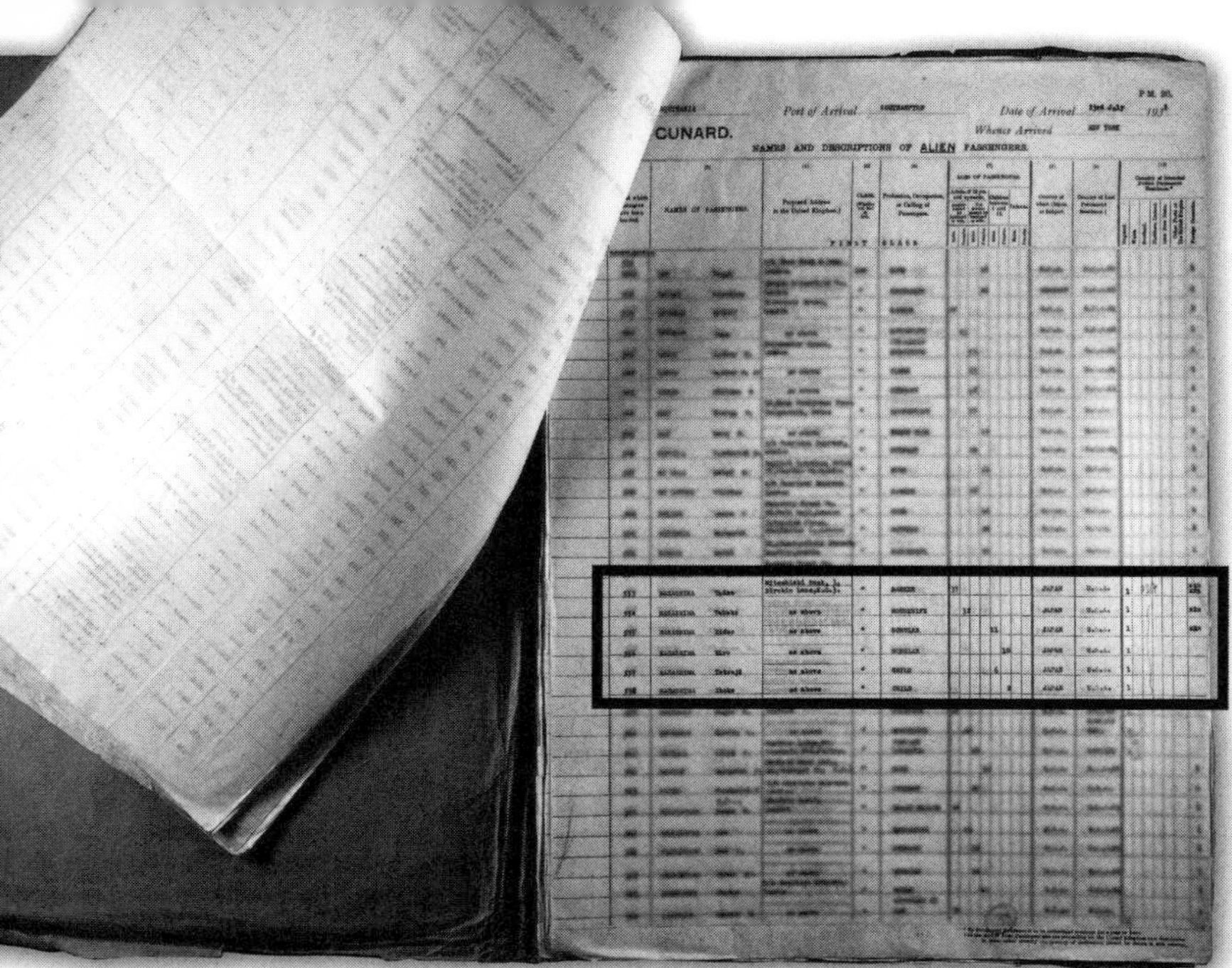

乗船記録：達司６歳。キュナード・ラインのアキタニア号で、ニューヨーク港から
イギリス・サウスハンプトン港へ。1932年７月23日着船。

LIST OR MANIFEST OF ALIEN PASSENGERS FOR THE UNITED

Passengers sailing from

S. S.

TAX Nagashima Tatsu

TAX Nagashima Taka

Nagashima Tatsuji

U.S. CITIZEN

Immigration Inspector

乗船記録：達司12歳。日本郵船の龍田丸で、横浜港から
アメリカ・サンフランシスコ港へ。1938年10月12日着船。

第2章

基地で学んだ
ショウ・ビジネス

ジョンソン基地の真実

終戦を迎えた永島達司は、「生きている」と思うと同時に、本人の話では、敗戦で三菱系の企業への就職はムリだとあきらめたという。しかし、達司は、解放感を感じていた。やっと誰にも気兼ねすることなく、英語で話せる時代が訪れたからである。

そのような達司に大きな転機が訪れる。ポツダム宣言受諾からおよそ1カ月後、ジョンソン基地の将校クラブで働くことになったのだ。

達司とジョンソン基地との関わりについてはこれまで、「ある偶然」がそのきっかけだったといわれてきた。現在の東京・新宿駅東口あたりにあった「二幸」という総合食料品店の前を歩いていた達司が、GHQ（連合国軍最高司令官総司令部。有楽町の第一生命館を接収）の将校に声をかけられたというものだ。しかし、兄の性格をよく知る妹の五百子と純代は、「そのような偶然はありえないのでは？」と異口同音に疑問を口にする。特に、五百子はアメリカの市民権を持っていて、ローカルハイヤー（地域雇用）という形でGHQの統治、管理部門で働いていたからである。

「そもそも、氏素性もわからない、しかも、学生ですよ。そんな若者に、オフィサーズ・クラブという、アメリカの将校や家族しか入れない将校クラブのマネージャーをいきなり任せるなんてことは、どう考えてもおかしいじゃないですか」

五百子がGHQに入った当初、新米のタイピストにもかかわらず、三菱海運の専務（のちに社長）だった父親よりも給料が高かった。ＰＸと呼ばれる進駐軍の売店で、ゴルフクラブを売っていると聞き、ゴルフ好きな父のために横須賀のＰＸまで出かけたこともあったという。五百子は、その後、能力を認められ、空軍司令部で秘書となり、カーネル・ハントという女性大佐のもとについた。

しばらくして、「もし一緒にアメリカに行くのなら、働くところをお世話してもいいわよ」とハント大佐から誘いを受けた。五百子は将来的なことを考え、いまは軍属で働けているからよいが、進駐軍が日本から撤退すればどうなるか。当時の日本では男性でさえ仕事がなかった。たとえ働き口があったとしても、軍属関係機関で働いていたような給料をもらえることはない。

それなら、せっかくアメリカの市民権もあるし英語も話せるので、アメリカに渡ることを決めた。

「姉はカーネル・ハントの人柄にひかれて同行したという面もあると思う」と妹の純代は語る。

１９５４年夏、三菱海運の貨物船に乗りこんだ。父が手配してくれたものだった。五百子は、数年で帰るつもりだったが、知り合いの大学教授に空軍のエンジニア、日系二世の吉田義孝を紹介され結婚し、アメリカに住むことになった。

達司も、のちに妻・泰子とともに五百子のもとを訪れた。

78年ころには、達司の二男・譲二が、ウェイン州立大学大学院を受験するのでミシガン州の五百子の家にしばらくいた。入学後は、大学近くに部屋を借り、週末には遊びに来ていた。

卒業後に譲二がゼネラル・モータース（ＧＭ）に入社したのは、五百子の夫・吉田の紹介でもあった。吉田は軍から離れ、ＧＭのエンジニアとして働いていたのである。

譲二は、ドイツ支社で働いた。当時ＧＭが製造していた、ドイツのブランドカー「オペル」にカーデザイナーとして関わったのである。その後、ルノーに移り、現在はＢＭＷで活躍している。

話を元に戻すが、ジョンソン基地に勤める経緯については、達司は、あえて「真実」を語らなかったと、姉妹は考えている。その偶然を装ったエピソードには、むしろ、達司らしい茶目っ気と、配慮があると言う。

実は、父親が買った成城学園の家の奥の部屋はすでに評論家の坂西志保が間借りしていた。坂西は、22年にアメリカに留学。ホイートン大学を卒業し、ミシガン大学大学院で美学を学び、哲学博士号を取得。その後、坂西は、アメリカ議会図書館東洋部課長を務め、日本の図書の収集、日本の条約や法律の翻訳、米国研究者からの調査依頼も受けた。日本人学生や研究者に仕事を紹介するだけでなく、住まいや食事の世話もした。その面倒見のよさで人の出入りが多かった。それが、疑惑を招く原因ともなっていた。ＦＢＩからは「スパイ容疑」をかけられていた。そのために、坂西は、日米開戦と同時に、在米日本人女性として唯一、メリーランド州ボルチモアに拘束・抑留された。

そして父親の忠雄が乗って帰ってきたのと同じ日米交換船（グリップスホルム号・浅間丸）で、手荷物ひとつもなく日本に送還させられた。戦時中は参議院外務専門員、終戦後には、ＧＨＱに勤め、スパイ容疑も晴れて、ミシガン大学名誉博士号授与のために渡米した。そして国家公安委員会の委員を務め、ビートルズ来日時に海外公演の事例をもとに意見を述べている。

純代が言うには、母が坂西に「ネイティブな英語力があり生活感覚がわかる人、誰かいない」と尋ねられ、語学力やキャリアに申し分のない英雄がジョンソン基地に行くことになった。一方で、GHQ下の部局のひとつCIE（民間情報教育局）のキャプテン・クアワーの秘書役で通訳をして、日本の文化を調査する仕事に一緒に付いて回った。歌舞伎、大相撲、日本のオーケストラ、生け花などを案内して重宝がられた。CIEには、達司と同じ早稲田大学出身のカナダ日系二世のトム野村（野村弘）もいた。しかし、英雄がCIEの仕事が忙しくなったので、入間にあるジョンソン基地での仕事は達司に代わってもらうことになった。これが、達司がジョンソン基地のオフィサーズ・クラブで働きはじめた「真実」だった。妹の純代は語る。

「もしも達司が『真実』を語ってしまえば、坂西さんに、そのことを聞きたい人が何人も訪ねていくことになるでしょう。兄は、自分のことで坂西さんに迷惑をおかけしたくない。そのような気持ちがあったのではないでしょうか」

いずれにしてもこのことが、達司が音楽業界に足を踏み入れるきっかけとなったのは間違いない。ジョンソン基地は、埼玉県狭山市と入間市にまたがって位置する、現在でいう航空自衛隊入間基地。もともと旧陸軍の航空士官学校だったが、それらの施設は米軍により名称が変えられた。

1945年9月25日、アメリカ陸軍航空第5空軍が進駐してきた。そのセレモニーは、ケニー将軍によって行なわれたが、真珠湾攻撃で亡くなったアメリカ側約2500人の鎮魂の意味を兼ねて、ヒッカム陸軍飛行場で戦禍の傷跡が刻まれた星条旗を掲揚した。ジョンソン基地は、〝ジャングル・

エース〟と呼ばれたジェラルド・R・ジョンソン陸軍中佐を偲んで命名された。中佐は公認撃墜数22機に及ぶ名パイロットだったが、1945年10月7日、B-25ミッチェルで沖縄の伊江島補助飛行場から厚木基地に向かっている途中に、猛烈な台風に巻きこまれ飛行不能に陥った。その際、落下傘を持っていなかった乗員に、自らの落下傘をつけて脱出させ自分はB-25と運命をともにしたのだった。また、日比谷の宝塚劇場は「アーニー・パイル・シアター」と呼ばれたが、沖縄で戦死した従軍記者アーネスト・テイラー・パイル（通称アーニー）から名づけられた。

ジョンソン基地をはじめて訪れたときの驚きを、達司は、親しい音楽評論家・湯川れい子に話している。目の前に、いきなり焼いた鳥の胸肉をドンと出されて、夢のようだったという。食べ盛りの達司はいつも空腹を抱えていた。おもいっきり食べたに違いない。なにしろ基地の外には、食べるものがなかった時代だから。

達司にとってジョンソン基地は、かつてイギリスやアメリカで味わった世界に浸れる場所だった。英語が思う存分に話せる。そのことは何よりのことだった。戦後に理工学部から法学部に転部していた早稲田大学に通うどころではなくなった。達司は基地に住み込んで、学校にも成城にある永島家に帰ることもほとんどなかった。帰ってくるのは、試験の前の晩のみ。一夜漬けで勉強するのだった。

真夜中のレッスン

ジョンソン基地のオフィサーズ・クラブのバーで19歳のときから働いていたエディ大沢によれば、基地内で夕方の4時半になると軍務を終えた将校がバーにやって来て、まずポップコーンとドリンクを頼むことが多かった。それで、達司は、日本人従業員に英語を教えてくれたという。真夜中の12時を過ぎたあたりに誰もが寝静まったころ達司はやってきた。皆を誰もいないクラブに連れていって一所懸命に教えたという。会話の内容は、業務でも簡単な、例えば「いまポップコーンは品切れでありません」とか「もう少しでできます」とか、そのようなものだったが、キャンプのバーでは、お客さんに伝えるように言われても、どう伝えるのかまでは誰も教えてはくれなかった。英語のレッスンは毎晩行なわれた。彼の教え方は上手だった。このように面倒見の良い達司だからこそ、誰もが「たっちゃん」「たっちゃん」と呼んで慕った。のちに、ビートルズのメンバーも親しみをこめて、達司を「たっちゃん」と呼んだ。

大沢はこう語る。

「英語ができるようになると、みんなうれしくてね。まだポップコーンが残っているのにわざと、『ありません』と伝えたりして（笑）。毎晩来ている従業員には、『お前、夕べも来ていたな』と、たっちゃんは、込み入った英語を教えてくれました。そのうち電話の交換台で働くようになる人も出てきたんです。たっちゃんは、なにも英語を教えないと食べていけないわけじゃないし、僕らが英語を話せなくても何も関係ない。それなのにわざわざ寝間着姿で起きてくれたのです。たっちゃんは、大切だと思うことは自分で判断して実行する、という人でした」

達司が任された仕事のひとつにショウの企画・運営もあった。ショウは、クラブにはなくてはならないものだった。渡辺プロダクション名誉会長の渡邉美佐もキャンプで通訳やブッキングの手伝いをしていた。このころ、日本国内には、多いときには40万人近い進駐軍が各地に駐留していた。母国を遠く離れた彼らには娯楽が必要で、それぞれのキャンプには必ずクラブがあった。

クラブでは、必ずショウが開かれた。小さいキャンプでは週に2回とか、大きなクラブでは毎日とか、それぞれのキャンプで違っていたが、そのショウを支えていたのは、チェンジ・バンドといって、慰問で訪れたバンドの演奏の間に演奏する日本人ミュージシャンたちだった。ショウに出演するにはあらかじめオーディションを受けなくてはならなかった。そのクラブのマネージャーが演奏を聴き、その技量によって兵隊クラスが来るEMクラブで演奏するか、それとも下士官クラスのNCOクラブか、あるいは将校クラスのオフィサーズ・クラブかをランク付けした。

オフィサーズ・クラブは上品でおっとりとした演奏でいいが、EMクラブでそんな演奏をすると「あの葬式みたいな演奏はなんだ」と言われることもあったという。

戦後一時期ドラム奏者をしていたことがある、サンミュージック名誉顧問の福田時雄によると、力量のあるミュージシャンは、地方に行かされることもあり、三等車に揺られて東北、はたまた、九州に行かされた。さらには、軍用機に乗せられて行った先で「ここは、どこですか?」と聞いたら「グアムだ」ということもあったらしい。軍用機での移動なので旅券も何も必要なかった。

達司は、オフィサーズ・クラブのショウに出たいミュージシャンたちが、はたして将校たちを楽しませるだけの技量、才能があるかどうかを見抜き、もしも技量を認めたならワン・ステージいくらで、買い入れるかを判断する。最終的な判断は将校クラブの総支配人が下すものの、バンドに関する情報などはＪＮ（日本人）マネージャーの達司が持っていた。しかし、その当時、ランク付けの基準となったのは、実は、歌のうまさではなかった。英語力の高さが決め手だった。

達司がＪＮマネージャーになったはじめのころは、音楽性とか個性は重視されてもいなかった。『洋上のロマンス』でデビューした女優ドリス・デイに似ているから、という理由でショウに出たミュージシャンもいたという。

キャンプで生まれた洋楽文化

ジョンソン基地のオフィサーズ・クラブで、特に華やかだったのは、土曜日だった。日本の女性ジャズ・シンガーの草分け的存在であるナンシー梅木も、そのショウに出演していた。大沢の話によるとナンシー梅木の兄、梅木三男は、ジョンソン基地の看板や、ショウの印刷物のイラストなどを描いていたが、マネージャーの役割もしていた。

ナンシー梅木は出演する日本人のなかでも、アメリカ人将校たちから人気があった。後、１９５５年に渡米し出演したハリウッド映画の『サヨナラ』でアカデミー賞助演女優賞を受賞したり、主演したブロードウェイ・ミュージカル『フラワー・ドラム・ソング』でトニー賞最優秀女優賞にノミネートされたりした。実は、ナンシー梅木の渡米にも、達司は関わることになるのだが、それは別の話として、もうひとり笈田敏夫も、ジョンソン基地のショウでは人気があった。ドイツ・ベルリン生まれで、「ゲソ」の愛称で知られた戦後を代表するジャズ歌手となる笈田も、そのころは、数々のバンドを転々としていた。しかし、その歌唱力には定評があり、達司は笈田をとても可愛がり面倒を見た。

さらに、ジョンソン基地でナット・キング・コールに出会っている。彼は、まだ立派なスーツなど買えない達司に、

〝I'll order you a suit.〟

〝He is about my size.〟

そう言って、スーツをオーダーしてくれた。

「はじめて立派なスーツを着られるようになった」

達司は、妹の五百子にそう話している。

このことが、ナット・キング・コールを自分の手で呼ぶきっかけともなったのだろう。ほかにも、黒田美治（びじ）、鳥尾敬孝（とりおあつたか）、井原高忠のチャック・ワゴン・ボーイズ（のちにワゴン・マスターズ）、渡辺プロダクションを設立する渡辺晋とシックス・ジョーズ、海老原啓一郎とシックス・レモンズ・オールスターズ、原信夫とシャープス＆フラッツなどがいた。さらに、ペギー葉山、江利チエミ、松尾和子といったミュージシャンも歌っていた。進駐軍兵士向けに流すＦＥＮから流れる洋楽に若

者は酔いしれた。シャンソンもカンツォーネもカントリーも、すべて〝ジャズ〟と呼ばれた。

達司は、ショウを通じて、さまざまな人たちと出会った。のちにキョードー東京を創立する内野二朗も同じオフィサーズ・クラブで働いていた。ミュージシャンのなかには、ワゴン・マスターズの一員でのちにホリプロ創設者の堀威夫がいた。嵐田三郎は、堀のバンドのマネージャーとして売り込みに来ていた。ジョンソン基地を離れてSNプロダクションを共同経営することになるアルフォンゾ（通称アル）・シャタックとダン・ソーヤーもいた。

海軍軍楽隊出身の原信夫は、「ズージャーをやればサンドイッチをもらえる」のひとことでジャズをはじめた。江利チエミと仕事をすることが多かった。「ラテン・クォーターで仕事をしてみない？」と達司に誘われ、日本人バンドとして初めて演奏することになった。達司に歌手を送りだす「チェイサー」も教えてもらった。原は「『たっちゃん』に足を向けて寝られない」と語った。


GAYカンパニーの濱田剛は、ジョンソン基地のオフィサーズ・クラブにいる永島達司の名を聞き知っていた。英語のうまいJNマネージャー。それがそのころの達司への印象だった。その達司がジョンソン基地を去ったと聞かされたのは、1952年ごろのことだ。

噂では、「永島達司は金銭トラブルがあったため、コートマーシャル（軍法会議）に引っかかった」ということだった。オフィサーズ・クラブは、進駐軍に属している。何か事件があれば、コートマーシャルにかけられる。コートマーシャルの判断によっては、将校であっても一般兵士に降格になることも、解雇されることもあった。たしかに、達司は、金銭トラブルに巻き込まれていた。7年勤めたジョンソン基地のマネージャーを辞めた直後、オフィサーズ・クラブにあった金庫が破られ、現金が盗まれたのだ。

エディ大沢はそのときのことを覚えている。

「クラブには、その日の売上金を納める金庫があり、アメリカ人の管理下で日本人もいるキャッシャー部がありました。そのうちの数人が金庫の鍵の管理をしていました。ところが、ある朝クラブに来たら金庫の扉が開いていたそうです。MPや警察が来ていて、それは大騒ぎでした。クラブ内にある屑箱やら椅子やら手当たり次第にどかしていました。お金を探しているんだなと思いました。あとから聞くと横田や立川の基地のクラブも調べていたようです」

その出来事が、ちょうど達司がJNマネージャーを辞める時期と重なってしまったのだ。達司は疑われた。基地関係者やMPから取り調べを受け、嘘発見器までつけられて尋問を受けたという。

実のところ、達司がジョンソン基地を離れたきっかけは結婚だったのだ。結婚相手は、藤田泰子。従業員だったエディ大沢は、達司がJNマネージャー時代から、JNマネージャー専用の家に彼女が来ているのをよく見かけていた。泰子は、宮城県仙台市に生まれ、東京の武蔵野高等女学校（現・武蔵野大学高等学校）を卒業後、進駐軍に接収されてアーニー・パイル劇場と改称していた東京宝塚劇場の舞台にダンサーとして上がった。ジョンソン基地のショウにも出演していた。それがきっかけで、達司は、彼女と知り合ったのだった。

泰子は1950年に吉村公三郎監督の『春雪』のヒロインとして出演。銀幕デビューを飾ると、同年、中村登監督の『エデンの海』に出演し、鶴田浩二を相手にヒロイン役を演じた。

その美貌から〝エキゾチック〟という言葉が一般に広がったという。数々の映画に出演した彼女のことである。泰子が入院したときに達司が見舞いに行ったことが雑誌の記事になることもあった。「若い実業家との恋」という形で取り上げられたこともあり、ふたりはとても仲がよく「たっちゃん」「おふじ」と呼び合っていた。

達司に関して、周りの人たちからは「酒を飲まない」という証言が多い。たしかに達司は酒を飲まなかった。そのきっかけは結婚で、「結婚する代わりにお酒はやめて」と泰子に言われて、その約束を守っていたのだという。

しかし、音楽出版社ロンドールの元代表ランス・フリードがタツから聞いた話はまた別である。

「戦後、タツは日本に駐留していたアメリカの軍人の多くが、ホームシックになっていたのを知っていました。そこで大晦日にアメリカから大物バンドを呼んだら、彼らが喜ぶのではないか、と思いつき手配したといいます。翌年か数年後、今度はバンドと大晦日中演奏するという契約をして日本へ呼んだのです。バンドは日本の大晦日に演奏して、翌日の早朝便に乗ってハワイへ。ハワイはまだ時差の関係で12月31日。つまりひとつの契約でバンドに2度の演奏をさせたわけです。初回は赤字と言っていましたが、その年は黒字。タツのアイデア勝ちです。タツはそのとき、スペシャルドリンクと称して、残り物のお酒をミックスして出していました。客は酔っていたので喜んで飲んで『タツ、スペシャルドリンクをもっと作ってくれ』と大好評だったようです。そんなにおいしいのかと、タツがそのドリンクを試しに飲んでみたら、とたんに気持ち悪くなってプールに落ちた。それ以来、タツはお酒を飲まなくなったようです」

真夜中のポーカー

濱田剛は達司とよくポーカーゲームをして遊んだのを覚えている。場所は、東京・赤坂にある、日本有数のナイト・クラブとして知られた「ラテン・クォーター」。かつて陸軍青年将校らが1483名の下士官・兵を率いて高橋是清大蔵大臣らを殺害したクーデター未遂事件「2・26事件」で、青年将校らが立て籠もった料亭「幸楽」の焼け跡に建てられた。ナイト・クラブの入り口の脇には個室があり、そこは、ラテン・クォーターのマネージャーでアロンゾ・B・シャタックが自宅として使っていた。「治外法権で、警察が乗りこんでくる恐れもない」と濱田は聞かされていた。

ポーカーをするのは、達司、シャタックのほかに何人かいた。達司と同じジョンソン基地のオフィサーズ・クラブでフロアマネージャーをしていたダン・ソーヤーもいた。ダン・ソーヤーは、シャタックの古い友達だった。

みんなは、達司のことを「タツ」と呼び、シャタックは「R」、ソーヤーは「ダン」と呼び、濱田は名字のまま呼ばれていた。ひとたびポーカーがはじまると、テーブルを囲むタツたちは夜を徹して勝負を続けることもあった。濱田にはポーカーで達司が負けるところを見た記憶があまりない。

ゲームスタイルは冷静でクール。勝っていようと負けていようと、どんなにすごい手をつくっても表情は何ら変わることはなかった。

彼から見ると、シャタックは蛇のような目をしていて睨むととても怖かった。ただ、気を配るタイプでもあった。クラブに行ってもあまり頼むことがない彼のもとに「シャタックさんから」とボーイがドリンクを運んでくることがたびたびあった。

そのころ濱田は、銀座7丁目にあるキャバレー「アスターハウス」で用心棒をしていた「白滝のけんちゃん」から「たっちゃんと一緒に（仕事）やれよ」と、言われていた。

そのたびに丁重に断っていた。その当時、進駐軍のクラブで行なわれるショウを手掛ける、英語で「陽気な」という意味のＧＡＹカンパニーに勤めていて、社長のニック中野さんの世話になっていた。辞めるわけにはいかなかったのだ。あくまでも友人として（達司の）相談にのるということになった。たしかに、濱田から見れば、その当時の達司は「英語はできるがエンターテインメントはわかっていなかった」という。興行の世界に入りこむことはそれほど難しいことではなかった。ことに、進駐軍を相手にしたショウ・ビジネスは、「英語ができればやっちゃえ」のような勢いでもできた。しかし、何かのショウを開催するとなれば、どのようなタレントでやるかわからない。45分から1時間の構成をどうするかもわからない。「日本のプロモーターのはしり」と濱田が評価する達司さえも、はじめは右も左もわからなかった。そこで、濱田に頼ったのだ。達司からは会社によく電話がかかり、「あれは、どこのプロダクション？」とか、「これは、こうすればいいのかな」とか、聞かれたという。

濱田は、周りの仕事仲間からは「電話帳」と呼ばれていた。全国の米軍キャンプの電話番号はすべて頭の中に入っていた。それほどの記憶力である。達司の聞いてくることにはいつも的確に答えた。それだから、達司も頼りにしたに違いない。のちに達司とともにキョードー東京を設立する内野二朗からも相談を受けるようになった。

一度、達司とともに名古屋に行ったことがある。名古屋から西では、大阪、奈良などの各都市にある進駐軍のキャンプからマネージャーたちがやってきて、そこでビット、つまり、入札をする。慰問のためにアメリカからやってくるミュージシャンを競り落とすのである。どのミュージシャンのショウを競り落としてキャンプに連れていけばいいか。実際にビットを通じて教えたのだった。

達司は、濱田のほかにも、日新プロモーション社長の永田貞雄にも頼った。

永田は、1904年1月26日に生まれ、小学校のころから浪曲家を目指し天中軒雲衛(くもえ)の芸名までもらうが、病気のために断念した。その後、興行する側にまわり、22年に独立した。戦前は浪曲を中心に興行を続け、同年にはハワイ公演を成功させた。戦後は、三波春夫、春日八郎、三橋美智也らのマネージメント。海外スターの日本公演。さらには、日本プロレス興行社長として力道山を擁してプロレスブームを巻き起こした。浪曲から、美空ひばり、プロレスまでとまさになんでも仕掛けた興行師である。草分け的存在の永田からも達司は興行を学んだ。

日本のジャズ・シンガーの先駆けといわれる流行歌手ディック・ミネとも達司は交流があった。

「久保正雄さんの東日貿易（のちに伊藤忠に合併）が銀座にあり、同じ建物内の東日プロダクションは親父の名前でやっていましたね。永島さんが自分で会社をはじめる前は一緒に仕事をしていたようです。渋谷のジャズ喫茶『キーボード』は白滝のケンちゃんがオーナーで、たっちゃんは仲が良かったですよ」とミネの息子・三根健次朗は教えてくれた。

SNプロダクション

元パンオリエントプロダクションの山岸莞爾によると「1952年に永島さんはアル・シャタック、ダン・ソーヤーとともにSNプロダクションを設立しました。シャタックとソーヤーの共通した頭文字『S』、永島達司の頭文字『N』をとって名付けたんです。

外国人のミュージシャンを呼び、各地のキャンプでショウを行ないました。いわゆる、『呼び屋』と呼ばれる商売です。しかし、外国人を呼ぶとしてもそうたやすくは呼べません。入国管理法に沿った審査がかなり厳しかったからです。そこで進駐軍への『慰問』という形で招きました。そうすれば、軍用機に乗ってキャンプ内に降り立つだけなので、入国管理法の監視下には置かれません。日本人バンドが、パスポートも所持せずに軍用機に乗ってグアムにまで連れて行かれて演奏させられたのと同じでした。このとき活きたのが、シャタックの人脈です。シャタックは、アメリカの諜報機関『キャノン機関』の一員でした。進駐軍とのパイプは太く、SNプロダクションは、設立当初こそキャンプ内での興行だけを仕切っていましたが、ミュージシャンをキャンプから連れ出して日本でもショウを開くようになりました」。

新々プロダクション

達司は1953年、新々プロダクションを設立。濱田は、「東京・銀座8丁目の旧日本航空本社近くの雑居ビルの一室にいて、そのあと並木通り沿い銀座6丁目に移った」と、語っている。

達司がはじめて設立した社名を「新々プロダクション」と名付けたのは、「ほかの人がやらないことをやれ」という達司のスピリットに因んでいる。

新々プロダクションの業務内容は、ジョンソン基地で知り合ったナンシー梅木、笈田敏夫のマネージメントからはじまった。

ラジオを通じて沸き起こったジャズ・ブームに乗り、東京・渋谷にある「キーボード」をはじめ、ジャズ喫茶が街中に増えていた。達司の新々プロは、そこにジャズバンドも送りこんで、ジャズコンと呼ばれたジャズ・コンサートも多く手掛けていた。当時、ジャズ喫茶で有名な銀座テネシーで鳥尾と知り合った元スポーツニッポン編集委員の松枝忠信は、山名義三とブループラネッツを手伝うように頼まれた。鳥尾は、大学卒業後日本ビクターに入ったときに、達司に平尾昌章（昌晃に改名）を預けたそうだ。学習院初等科から高等科時代に鳥尾と同窓だった作家の藤島泰輔は、この時代の流れと興行師のことを音楽雑誌『ポップス』で「夜のテーマ」として連載していた。

濱田によると、達司は51年開局当初のラジオ東京（ＴＢＳ）で、毎週水曜日夜の『味の素ミュージックレストラン』で、ナンシー梅木や笈田敏夫を専属にしていた。ジャズ・ブームに乗って英語で歌うが、達司は発音に厳しく、例えば、「ラリルレロ」の発音、RとLの中間音の発音など指導していたという。

52年4月、ジャズドラマーのジーン・クルーパがトリオで来日、進駐軍のキャンプ、日劇やクラブで演奏して、ビクターのスタジオで『ドラム・ブギー』の録音をした。クルーパ・トリオは当時ノーマン・グランツの傘下にあり、マーキュリー・レコードの専属だったため、ビクターが発売することは常識的には不可能だった。当時のディレクター河野隆次がマネージャーと何度も交渉し、クルーパ自身がアメリカ本国に例外を認めさせ、日本だけの発売が実現した。NHKの『リズム・アワー』(毎週土曜日の第2放送午後7時30分の放送)でも流れた。後年、河野は達司とジョージ・ルイスで仕事をすることになる。

達司がはじめて日本人のジャズ・ミュージシャンを招いてショウを開いたのは53年9月のことだった。「国際最大のジャズ・ショウ」を、庶民の娯楽の場として知られる東京・浅草の国際劇場で開催した。「最大」と銘打ったこのショウは、大成功をおさめた。それまでにない13日というロングショウは10万人もの観客を呼んだといわれている。大阪・南区河原町(現・中央区千日前)にある大阪劇場(通称・大劇)では「大劇最大のジャズ・ショウ」と銘打って開いた。

達司自身、「お客が来るかどうかわからなかった」という。ところが、いざフタを開けてみると歌謡曲よりも人がずっと集まった。出演者は江利チエミ、ナンシー梅木、笈田敏夫、ビッグ・フォア（松本英彦、中村八大、小野満、ジョージ川口）、見砂直照と東京キューバン・ボーイズだった。

達司は、石坂範一郎に紹介された河野隆次からジャズについて詳しく教わっていた。河野は、『ジャズの事典』やNHKの『スイング・クラブ』の解説で知られ、司会者であり、ジャズ評論家でもある。1919年生まれの河野は、自分で演奏することはなかったが、中学3年ころにルイ・アームストロングなどの輸入レコードを聴き、それ以来ジャズに夢中になった。

ビッグ・フォアに詳しい高和元彦は、日本人ジャズのレコード制作に数々の名作を仕上げたキングレコードのプロデューサーだが、河野と同じ鵠沼に住み、家が近いところから交流があった。達司も河野の紹介で知り合い、さらにジャズの知識を深めていった。

ペギー葉山を戦後から支えた東和商会の太田耕二の記憶では、達司は国内の興行相手として松竹の市村と組んでいたという。

「大阪の大劇（大阪劇場）をはじめ、神戸とか、関西の興行が多くなったようです。それから、東京でいえば、浅草国際劇場。ここのジャズ関係のショウは、永島さんが仕切っていました」

太田はラテン・クォーターでのショウの依頼を受けたことがある。

「どういう意図だったのかはわかりませんが、永島さんは日本の歌手をラテン・クォーターに出したいということでした」

そのとき、ギャラの交渉で太田が「いくら出してくれる？」と聞いたところ、達司は逆に「いくら欲しいと言ってくれ」と答えた。

太田は即座に額を要求した。「じゃあ、100ドル」

これには、さすがに達司も驚いた。100ドルといえば、日本円にして36000円。当時の出演料としては破格だった。

「そんなことを言ったのは、君が初めてだよ」、と達司は、そう言って笑った。もちろん、太田としても本気で100ドルをもらおうとは思っていなかった。だから、ドル建てで答えたのだった。

その後、適正な価格に話はおさまった。結局、ペギー葉山は2度ほどラテン・クォーターのステージに上がった。

カジノ計画

太田は、ラテン・クォーターには「客としてはなかなか寄れなかった」という。印象としては、ほかのところにもナイト・クラブのような店があって、どこも深夜営業で摘発されていた。

「ラテン・クォーターだけは摘発回数が少なく、米軍との関係があるからだと思っていました」

ラテン・クォーターは、東京に駐留する米軍兵の慰安を名目にした社交場として53年11月に開業した。ビンボー・ダナオなど主にフィリピンの芸能人を多く抱え、閉店時間に流れるラストミュージックは原信夫とシャープス&フラッツの「ハッシャバイ」だった。夜の社交場として一世を風靡した。SNプロダクションは、ラテン・クォーターをはじめ、50年代に全盛を迎えようとしていたナイト・クラブのショウを手掛けていた。

実は、深夜、ラテン・クォーターは別の顔を見せる。閉店時間が過ぎて鉄のシャッターがおろされると、奥にある秘密の部屋に備えられたビリヤード台は、盤上をひっくり返された。バカラ用のテーブル、あるいは、ルーレット台に様変わりした。

ラテン・クォーターの共同経営者のひとりはテッド・ルーインといった。終戦直後に、マニラの「リヴィエラ・クラブ」をはじめフィリピンやマカオでカジノを開き、莫大な利益を得ていた。映画『アンタッチャブル』でも知られる、シカゴギャングのアル・カポネとも通じていたという。この元マフィアの次の狙いは日本だった。つまり、ラテン・クォーターを拠点に闇のカジノを広げようとしたのだった。しかし、日本は、ギャンブルは違法だった。のこのことそこに入っていくだけではもちろん儲けられるわけがない。そこで、ルーインは、ジャック・キャノン少佐をリーダーとする「キャノン機関」を巻きこんだ。拠点は東京・本郷湯島にある旧三菱財閥岩崎家別邸だった。

テッド・ルーインのカジノ開設構想に、達司のパートナーであるシャタックも加わっていた。彼は、1956年1月に帝国ホテル内にある宝石店で起きたダイアモンド強奪事件に関わったとの容疑で指名手配。主犯はジョン・M・マックファーランドだった。彼は元海兵隊員で、一時期ジョンソン基地で軍属として働いていた。

「シャタックが悪人だとは思ってなかった」と達司は当時話していた。GAYカンパニーの濱田に言わせると、「とにかく英語さえしゃべれればそれでいいという時代で、ある意味では無法地帯だった」というのが、そのころの「呼び屋」の世界。達司自身、その現実は受け止めていた。

SNプロは56年3月にジョニー・レイ、その半年後の9月には、〝マンボ・キング〟といわれた

ペレス・プラード率いるペレス・プラード楽団を日本に招いた。

同じ年の10月12日から国際スタジアム（旧・国技館、現・両国シティコア）で3日間の歌謡ショウ『ペレス・プラード楽団で唄う三人娘』が開催された。3万人を動員した模様を30分番組にまとめられ、ラジオ東京（現・TBS）が同年10月22日夜8時から森永製菓提供の特別番組として放送した。美空ひばり、江利チエミ、雪村いづみの三人娘が当時、マンボブームで人気絶頂となり楽団をバックにマンボの曲を原語で歌っていた。

実は、9月にペレス・プラード楽団が訪日する直前、思ってもみないことが起きていた。ラテン・クォーターが焼けたのだ。達司の周りでもシャタックが放火したのではないか、との噂がまことしやかに流れた。シャタックは、ラテン・クォーターに保険をかけていて、焼失後、保険会社のAIUからかなりの保険料が払われることになっていた。しかしシャタックは保険料を一銭ももらえなかったという。

ラテン・クォーターから焼け出されたシャタックにさらに追い打ちがかかる。10月30日には、シャタックがペレス・プラード楽団興行にからんで外国為替管理法、入国管理法違反で逮捕されたのである。ペレス・プラード楽団を正規の進駐軍のルートから入国させたのと同時に、「闇ドル」

でギャラを払った罪に問われた。

外貨が不足していた当時の日本には、外貨割当という制度がありドル建てで決済をする場合には、通商産業大臣の許可が必要だった。しかも、その外貨の割当にも上限がある。来日したミュージシャンたちはあくまでもドル建て決済だったので、その制限内ではとうてい支払うことができず、興行師や呼び屋と呼ばれる人たちは、「闇ドル」を調達してギャラを支払っていた。そこをシャタックはなぜか突かれたのである。その後、1962年に表向きの容疑は、外国人タレントとの二重契約でシャタックは国外追放された。

当然達司にも、その火の粉は降り注いだ。全国指名手配された達司は、出頭し取り調べに応じたものの書類送検された。このとき達司を助けてくれたのが、父・忠雄だった。忠雄は、弁護士を紹介すると申し出たうえで、感謝する達司にこう言ったという。

「闇ドルなんて、どこの銀行もやっている。そんな悪いことじゃない」

達司が、新々プロダクションの社名を「和栄プロダクション」、さらに「協同企画」と変えたのは57年のことだった。銀座にある福原ビルの1階に移り、のちに3階も借りて社長室とした。

ニュー・ラテン・クォーター

元ニュー・ラテン・クォーター社長である山本信太郎が永島達司とはじめて会ったのは、57年のある日のこと。「九州のキャバレー王」と呼ばれた父・平八郎とともに、東京都千代田区永田町の一角にある更地を見に行ったときのことだった。そこは前年に焼けてしまったナイト・クラブ「ラテン・クォーター」があったところで、ナイト・クラブをつくらないかと父・平八郎が声をかけられ、信太郎も一緒に視察のために上京していた。

福岡県で過ごしていた信太郎にとって、東京は憧れの地であった。その期待が大きかっただけに目の前にある「原っぱ」のような赤坂の風景はひどく田舎のように見えた。福岡の繁華街・中洲のほうがずっとにぎやかで、こんなところで商売ができるのかとも思った。しかし、その思いは永島達司と会って吹き飛ばされた。180センチを超える身長に、日本人離れした顔立ち。そのスマートさは、さすがに福岡では見られない。まさに達司こそ東京だった。

信太郎は、のちのニュー・ラテン・クォーターの設計から店づくりにいたるまで、すべてを父から任されていた。「日本一の店をつくれ」と父は言った。そんな信太郎に「どんなお店をつくるのですか」と聞いてきたのが、達司とのはじめての会話だった。

ショウを重視したニュー・ラテン・クォーターをつくることが「日本一の店をつくる」ことだと、信太郎も思い、毎日のように信太郎は達司と話をした。達司は口数が少なく、いつもゆっくりと話した。信太郎がよどみなくしゃべる間に、達司はひとことほど。信太郎が、工事の進み具合を話しても、「そうですか、楽しみですね」と多くは語らなかった。

ニュー・ラテン・クォーターは思ったよりも工事は難航したものの、1959年12月10日にレセプションを行ない、翌11日から一般営業がはじまることになった。テーブル数300、ホステスなどの従業員が200人以上。規模だけでもまさに「日本一」のナイト・クラブにふさわしく、柿落としも大々的に行なうことになっていた。そのオープニング・ショウには、トリオ・ロス・パンチョスを呼ぶ。達司は、そう提案してきた。

アルフレッド・ヒル、チューチョ・ナバロ、エルナンド・アビレスの3人で結成したラテン音楽グループだった。ちょうどニューヨークで爆発的な人気を誇っているときで、ヒット曲「ベサメムーチョ」は、日本人の多くが知っていた。親日派としても知られていて、「その名はフジヤマ」といった曲をのちにリリースする。柿落としにふさわしいミュージシャンだった。

しかしその後、電話をしている達司の口から、こんな言葉を何度か聞いた。

「樋口、間違いなく、間に合うように来るんだな」

そこから推測するに、トリオ・ロス・パンチョスの招聘に関しては、達司が直接交渉をしているのではないということだった。そして、電話越しの樋口とは、スワン・プロモーションの樋口久人だった。戦後のプロモーターとして名を残す樋口だが、信太郎はその名を知らなかった。あとでわかったのだが、達司はあえて別会社の樋口に、トリオ・ロス・パンチョスの招聘をやらせた。樋口には国際的なコネクションがなかったので、ブッキングをすべて達司がした。ニュー・ラテン・クォーターの柿落としもそのひとつだったが、それを通じて招聘のノウハウを樋口に教えこもうとしていたのである。

ニュー・ラテン・クォーターのオープニングのその日、トリオ・ロス・パンチョスのラテン音楽特有の哀感あふれるメロディを奏でるレキシントンギターと、張りのある美しいコーラスは、オープニングに訪れた客を魅了した。そして、そのお客をさらに喜ばせたのは、ペギー葉山のヒット曲「南国土佐を後にして」をスペイン語で披露したことだった。ニュー・ラテン・クォーターにとっても、トリオ・ロス・パンチョスをオープニングで起用したことは想像以上の効果をもたらした。「一流のミュージックショウを楽しむならニュー・ラテン・クォーターで」という評判が一気に広がった。

「ニュー・ラテン・クォーターの成功は達司との出会いがすべてだった」と信太郎は語る。

その後30年間、赤坂の夜で華やいだニュー・ラテン・クォーターには、世界各国から数多くのミュージシャンが来日した。ミルス・ブラザーズ、ワンダ・ジャクソン、キングストン・トリオ、さらには、シュープリームス、ピーター・ポール&マリー、ダイアナ・ロスもステージに上がった。ミュージシャンたちの現場は内野二朗が仕切っていた。協同企画との話し合いによって来日が実現したことがほとんどで、達司がいたからこそできたものだった。信太郎はそう思っている。

ラテン・ブームをつくる

このトリオ・ロス・パンチョスの来日にあたってはもうひとつのストーリーがある。それはトリオ・ロス・パンチョスの来日がすでに決まっていた59年秋のことだった。達司がいきなり、「ラテン・ブームをつくろう」と言い出したのだ。トリオ・ロス・パンチョスは、その年の12月にオープンする赤坂のクラブ「ニュー・ラテン・クォーター」の柿落としのほかにもショウに出演することになっていたが、ほかのショウのチケットの売れ行きは思ったほどではなかった。世界的には有名なトリオ・ロス・パンチョスも、ラテン音楽そのものもまだ日本で知られていなかったのだ。チケットを売るためにはラテン・ブームを巻き起こすしかない。聞きさえすれば、日本人は必ず飛びつく。達司はそう信じていた。しかし、達司はその方法は考えていなかったらしい。

「どうやって、ラテン・ブームをつくるのですか?」と、当時、協同企画の清水和江が尋ねると、なんら悪びれることなく達司は言ったのだ。

「それは、考えてくれ」

その言葉は達司の常套句のようなもので、清水はその言葉にいつも振り回された。頼ったのは、達司の兄・英雄だった。清水は、「バーテンダー協会のリストを誰かから借りることはできないかしら」と相談を持ち掛けてみた。英雄は達司と違って酒を飲んだ。それも英雄らしく、飲む場ところにもこだわりそこで人脈を広げる機会になっていた。

「よし、俺がひと肌脱ごうじゃないか」

その言葉どおり、数日後、英雄から連絡があり、英雄が経営するパンオリエントの事務所に行くとリストがあった。それをもとに、清水は銀座の高級バーを中心にまわった。トリオ・ロス・パンチョスのテスト盤のレコードを、配れるだけ配って同時にチケットも置いてもらった。毎夜、それらのバーではラテン音楽が流れるようになった。それとともに、トリオ・ロス・パンチョスのチケットも売れはじめた。達司の目論見をみごとに実行に移したことで、公演は成功した。

坂本スミ子は、トリオ・ロス・パンチョスの日本公演で前座歌手をしていたという。

「私とアイ・ジョージさんは、トリオ・ロス・パンチョスさんと全国各地をまわりましたが、3人はずっと『タツ、タツ』といって手放しませんでした。たっちゃんがいないと、フランク・シナトラをはじめ外国のミュージシャンは日本で公演をする契約をしないのです。とにかくタツ・ナガシマの裏書がないと動かなかったです。最たるものは、ビートルズですよね。すごく信頼を獲得したプロモーターでした。背が高くて外国人も驚くような格好良い人でしたよ」

民放テレビ局初代女子アナウンサーで、元日本テレビの阿井喬子は、達司がトリオ・ロス・パンチョスをスタジオに連れてきたのを覚えているという。54年から始めた『ポップコンサート』は、「USO」という進駐軍向けの慰問団として来日したアーティストたちも出演して話題だった。

「番組担当の井原高忠さんとの繋がりで永島さんは、そのときもスタジオにお見えでした。私が英語が話せたので日本テレビを辞めたあと、ピーター・ポール＆マリーの司会を頼まれて国内をまわりました。公演後に永島さんはマリーと私をヒルトンホテルで食事をご馳走してくれました」

タバタ音楽事務所の田端光夫の話によると、1950年代後半から達司と一緒に仕事をしていた。パット・ブーンなど、いろいろなアーティストが米軍の基地へショウをするために来ていた。そして歌手のバックバンドを手配する仕事で立川、府中、横田、ジョンソン、横須賀のオフィサーズ・クラブなどを回った。クラブは、赤坂のコパカバーナがメインで、お客がほとんど外国人。だからフランク・シナトラやほかのアーティストが来ると、皆、最初はコパカバーナだった。

「永島さんは、コパカバーナで会うと『一杯飲みなさい』と優しくしてくださいました。私とは年齢が10歳以上違い、偉い方でしたが、そうした雰囲気を一切感じさせない優しい紳士でした。余計なことを言わず、いつもにこにこしていて、本当に神様みたいな方でした」

ミュージシャンを売り込め

協同企画のデスクだった清水和江にとっては、協同企画時代は「今日は何が起こるのだろう」と蓋を開けてみないとわからない日々だった。

清水は、振り返って苦笑する。

「なんであんなに関わってしまったんでしょうね。考えてみたら、秘書やって広報やって、言われたことはなんでもしていました」

清水は入りたてで、いきなり宣伝文を書くよう頼まれた。外国に送る文書は、さすがに打てなかった。外国人を雇うとなると1カ月で30万円は払わなければならなくて、しかも午後の数時間働くだけである。それほどの額を払う余裕はそのころ協同企画にはなかった。

そこで、外国向けの文書をつくるのは、達司自身だった。「肩が痛いなあ」とタイプライターを打ち込みながら「代わりを雇いたいなぁ」と言っていた。後にカナダの日系二世のケイ・リケッツを雇うことになる。

清水が入社したころは、シャンソン歌手にしても、アメリカのポピュラー歌手にしても、ジャズ奏者にしても、日本ではあまり知られていないミュージシャンが多かった。そのミュージシャンたちを取り上げてもらうためには、仕掛けが必要だった。清水はマスコミ媒体に宣材（宣伝材料）を送るためのリストをつくりあげた。当初その数は200社におよんだ。その当時は、いまのようにパソコンからプリントアウトするように簡単に印刷できるわけではない。マスコミに何か知らせるときには、その都度、一通一通手書きであて名を書いた。その苦労を達司も見ていた。清水のためにいろいろとグッズを買いこんで「試してみたら」と勧めてくれたが、役に立ったものはほとんどなく、結局は清水が手書きで行なうしかなかった。

ミュージシャンの売り込みでもっとも効果的だったのは、グラビア撮影だった。例えば、人気の日本人タレントとタイアップして、写真誌に一緒のグラビアに載せる。必ずそのタレント見たさにグラビアを見るファンがいる。そこに協同企画で呼んだミュージシャンが写っていれば「誰なの？」と興味を持ち、そこからコンサートに行くきっかけになるからだった。もちろんなんの理由なく、協同企画の呼んだミュージシャンと、日本人タレントを組み合わせるわけにはいかない。「それならやる価値あるよね」と、日本人タレントが所属する事務所も、媒体である雑誌や新聞の編集者たちも納得させなければならない。次第にマスコミのほうから協同企画に、自分たちの企画を持って来るようになる。広報で相手にするのは雑誌、新聞だけでも100社以上、ラジオ、テレビ各社、それに音楽評論家もいた。

協同企画の近所の平凡出版（現・マガジンハウス）の木滑良久は、清水の企画をよく取り上げてくれる編集者のひとりだった。３階の灯りがついていると、階段を上がって社長室に入ってくる。清水を呼びだして、「なんか、ネタある？」と、尋ねてきたり、「何月何日号の表紙空けておくから」と、あらかじめ、日本人タレントとの組み合わせまで考えて来るようにもなった。『週刊平凡』だけでなく、同業他社も同じように表紙を撮りたいと競合するときもある。たがいに、自分たちが先に撮りたい。「平凡より後はイヤだ」と、どうしても譲らない雑誌媒体もあった。

そのときには、達司が出て行った。達司の持論は「そのミュージシャンが日本にいる間に、先に掲載されるほうに優先権がある」というものだった。それを物差しにして、話を決めていた。

しかし、日頃の付き合いも考慮して清水はいざというときには、Ａ社が先と達司が決めていても、こっそりとＢ社を先に表紙を撮らせることもあった。

元文化放送の鈴木稔によると、海外のミュージシャンの宿泊するホテルは、高輪プリンスホテル（現・グランドプリンスホテル高輪）が多かった。羽田空港からの往復は高輪プリンスホテルが近いからだ。パット・ブーンもビートルズ同様に空港からノンストップでホテルに向かったという。高輪プリンスホテルには、当時は珍しかった24時間営業の昼間は喫茶で、夜はクラブになる施設があった。そこには良いピアノが置いてあり、公演が終わった後にホテルに帰ってきたミュージシャンがピアノを演奏し歌っていたそうだ。協同企画が仕切る撮影も高輪プリンスホテルだった。ホテルの担当者の小野田に相談すると、宴会場などを撮影場所に使わせてくれた。

清水にとって宣材は作るものの、海外から来るアーティストたちは来日するまで会うことはできない。実際に売れるのかどうかもわからなかった。あまり期待せず、ほかのミュージシャンと一緒に呼んだだけのミュージシャンが思わぬ人気を博し、そこからブームが巻き起こることもあり、プロモーションの醍醐味を感じた。きっとこれは、達司も同じ気持ちだったに違いない。

裏方として苦労をしているのは、もちろん清水だけではなかった。海外ミュージシャンたちを呼ぶ資金集めは、経理を担当していた内野二朗だった。

「内野さんがよく言っていたのは、永島さんから『外国人ミュージシャンに前金で払わなきゃならないから明日までに用意してほしい』と。本当に、内野さんは借金してお金を集めていましたね」と当時を知る関係者は語る。

身だしなみの美学

協同企画の石黒良策は、大学時代に本多芸能（のちの本多芸能スポーツサービス）のアルバイトで、興行の看板立てやビラ貼りといった仕事を任されていた。立て看板の数も東京都に申請しなくてはならず、50枚申請をしても実際に許可されるのは15枚といったことがよくあった。いまでこそ許されることではないが当時は鷹揚なところもあり、許可さえ下りれば関係なくとにかく看板を立て、ビラを貼り付けた。２００枚から３００枚におよぶこともあった。実働隊は未成年のアルバイトで警官に声をかけられることもあった。なかには、チラシを貼るための糊が入ったバケツを、警官の頭にぶちまけて逃げたなどということもあったようだ。

石黒が達司と深く関わるのは、ルイ・アームストロングの来日公演からだった。本多芸能は立て看板を協同企画から受注したのだが、そのことに関して達司から呼びだされた。

「おまえのところで、アームストロングの立て看板を流しただろう。おれは見たんだぞ」

チラシ貼り、看板立てをするアルバイトの若者もいい加減なのがいた。イヤになると勝手に廃棄してしまう。達司が住む成城学園のあたりでアルバイトが廃棄しているのを、達司に見られてしまったのである。しかもそれは一度だけではなく、そのたびに、担当の石黒が呼び出されて叱責された。1週間ほど経って再び呼び出されたときには、「これはクビだな」と、石黒は観念した。ところが、達司は「毎日、呼びだすのは面倒くさいから、おまえはこちらに入ればいい」と言い出し、石黒は協同企画に入社することになった。そのころの協同企画には、社長の達司のほかに、内野、嵐田、大橋、梅野、田中、布施、肥田、中村、山内、今井、清水がいたという。

達司は、身だしなみに気を遣う人だった。

「一流のホテルにも泊まるから、外に出るときはジャンパーなんて着るんじゃない」と、言われて石黒たちは楽器などの機材は背広を着て運んだ。

あるときネクタイを忘れてしまったことがあり、達司から1000円札を差し出され、「これでネクタイを買うように」と、言われたこともあった。

「石黒くん、社長が呼んでいます」と言われ、また小言かと半ば覚悟して3階に上がると「おい、この漢字、ちょっと書いてくれないか」などと頼まれることもあった。

兄・永島英雄

ある日、三女の純代は子どもを連れて成城の家に泊まりに来ていた。真夜中、電話が鳴った。純代が渋々電話を取ると「アロー」と、相手が話してきた。半分寝ぼけていたのでよく聞き取れなかったが、フランス語だということはわかった。純代が、英語で答えると相手方が通訳に代わり、兄の英雄への用事だとわかった。あいにくその日、英雄は不在。その旨を話して電話を切った。

達司にそのことを話すと、「あれは、フランシス・レイのマネージャーだよ」と教えてくれた。

そのときに、純代は達司と英雄はうまく仕事を分け合っていることを知ったという。

アーティストや関係者の世話、興行の手配など全体的なことは達司。契約書、ビジネス文書の作成などの事務的なことは英雄。さらに、達司が話せないフランス語圏の交渉は英雄だった。ふたりは役割を分担して仕事をしていた。いかにも兄たちらしいやり方だった。純代にはそう思えた。

大学時代に、高崎線の電車内で米軍関係者と知り合い、在学中から4年間米軍キャンプでアルバイトをしていた山岸莞爾は、永島英雄の会社パンオリエント・プロダクションをこう語る。

「1958年から港区赤坂福吉町のパンオリエントで働きました。1階は骨董店で、2階が事務所です。社長の永島英雄さんは海外を、達司さんは国内の仕事をしていました。オフィスマネージャーは内野二朗さん、プログラム担当は村山靖尚、ロードマネージャーは梅野慎吉、伊藤昌徳、経理の女性が鶴岡で、彼女が渡辺プロと両方の会計でした。嵐田三郎さんは私が入る前までいました。その後、千駄ヶ谷に移転してパンオリエント・エージェンシーに社名変更。米軍基地へのエンターテイナー提供業務、三沢・岩国・九州地区、関東、ホテル、キャバレーが対象でした。しかし、65年12月31日に会社が破産。英雄さんは日本を離れて、国外に拠点を移しました。当時返還前の沖縄と台湾でのショウはアメリカ人のハクさん、フィリピンはチン・インペリアルさん。タイには松田商会があり、アル・シャタックが経営権を持つ六本木の『扇門アーティスト』にいた渡辺幸三さんが支配人をするクラブ『サニーシャトー』がありました。渡辺さんは、ブルー・コメッツの井上忠夫(大輔)さんの叔父さんです。そうした現地のプロモーターたちと仕事をしていたわけです。

1966年秋から約2年間、原宿の協同企画で、永島さんの要請で100%米軍基地のクラブなどで、月曜から木曜はアメリカ人有名アーティストのブッキング、営業、集金で、週末はショウの演出などを手がけました。70年ころ、永島さんに『兄貴の借金の代わりに』と400万円の手形をいただいたので、私と伊藤は日本芸能社協会に復帰できました。71年から協同プロモーションとしてスタートし、永島さんと大橋道二さんに役員になってもらい、おもに米軍基地へのエンターテイナーの提供などをしていました。しかし、大橋さんも大橋プロがうまくいかなくなったんです。でも永島さんに助けられて、最後はキョードー・ジャパンという会社をつくり、飯倉の大洋音楽の一角で営業をしていました。宇崎竜童さんも一緒にいました」

ポール・アンカからナット・キング・コールへ

達司と関係が深かったひとりに、兄の英雄とCIEで働いていたトム野村がいる。彼は映画を通じて文化活動を推進していた。野村が人気絶頂のポール・アンカを招聘したとき、達司は一緒に仕事をしている。来日するころのポール・アンカは、まだ10代の若さで、シンガーソングライターとしての才能も豊かで、すでに自分の音楽出版社（スパンカ）を持っていた。日本では、音楽出版がビジネスになるとはあまり知られていないころの話だ。

1957年、ポール・アンカは、自身で作詞作曲した『ダイアナ』で歌手としてデビューし、いきなり全米1位に躍り出た。58年8月、ポール・アンカは初来日し、浅草の国際劇場は大入りだった。達司がマネージメントしていた平尾昌章は、同じキング・レコードの所属だった縁で、ゲスト出演している。平尾は、ポール・アンカの楽屋に呼ばれ「きみに曲をプレゼントしよう」と、頭の8小節のみ、即興でつくってもらった。残りのイントロ、サビ、歌詞まで足して1枚のレコードにしたのが、『好きなんだ！（I Love You）』である。達司が「ビッグ・タツ」として世界に羽ばたくきっかけとなったのは、このレコードだった。

そのころ、平尾も人気の絶頂にいた。58年2月8日、東京・有楽町にある日劇で開かれた「第1回日劇ウエスタン・カーニバル」に出演したのをきっかけにロカビリーブームに乗ったのだ。ミッキー・カーチス、山下敬二郎とともに「ロカビリー三人男」と呼ばれていた。達司は、平尾の売り込みのために『好きなんだ』を配った。その一枚が、来日していたハワイのＤＪ、トム・マフェットの手に渡った。これが思わぬことになった。ハワイに戻ったマフェットが、地元ラジオ局のＫＰＯＡラジオで何度も曲をかけて、一気に火がつくことになる。

しばらくして、ハワイのプロモーターであるラルフ円福から、「平尾昌章をハワイに呼びたい」と連絡があった。59年12月、ハワイで開催された「アメリカン・ポップス大会」に、平尾は日本代表として出演。「たっちゃんと一緒に初めてハワイに行って楽しかったね」と懐かしそうに語った。

このことは、思わぬことに達司のプロモーターとしての可能性を大きく広げることになった。達司はラルフ円福から「アメリカのタレントを日本に呼んでみないか?」という提案を受け、ひとりのプロモーターを紹介された。パティ・ペイジ、パット・ブーン、ナット・キング・コールといったスターを抱えるエージェントＧＡＣ（ジェネラル・アーティスツ・コーポレーション）副社長のヘンリー・ミラーであった。こうしてヘンリーとの繋がりができたからこそ、大物中の大物、ナット・キング・コールを呼べたのだ。

ナット・キング・コールは、そのころアメリカを代表するジャズ・ピアニストだ。19年3月17日にアラバマ州モンゴメリーで生まれた。父は牧師で、母は教会のオルガン奏者だった。ピアニストとしての原点は母親で、12歳までオルガンを習った。

彼が活動をはじめるのは30年代。スウィング・ジャズ時代末期の傑出したピアニストとして業績を残す。１９３９年に「ナット・キング・コール・トリオ」を結成。ビッグバンド時代に、ピアノ、ギター、ベースだけのシンプルな編成のバンドを組み、トリオバンド流行の火付け役ともなった。ちょうど達司がニューヨーク・ペラムにいるころで、おそらく達司もラジオから流れるその演奏を耳にしていたに違いない。

44年には歌手として『ストレイトン・アップ・アンド・フライ・ライト』をヒットさせた。『モナ・リザ（モナ・リサ、Mona Lisa）』『スターダスト』『ルート66』『トゥー・ヤング』『ホエン・アイ・フォール・イン・ラブ』『ネイチャー・ボーイ』などが知られる。55年は『恋をしたみたい』、56年は『恋に落ちた時』がヒットしていた。

そして56年4月、事件は起きた。アラバマ州バーミングハムで、ナット・キング・コールは、公演中、白人団体KKKに舞台から引きずりおろされたのだった。南部は特に人種隔離（セグリゲーション）が徹底されて、ホテル、レストラン、学校、トイレなども白人と黒人は別であった。それでもナット・キング・コールは、温厚な人物で、一度たりとも非難めいたことは口にしなかった。

達司は、ナット・キング・コールを呼ぶことまではこぎつけた。問題はギャラだ。そのころ、アメリカのアーティストには2通りのギャラがあった。ラスベガス・ギャラと、そのほかのギャラ。ナット・キング・コールは、「ラスベガス・ギャラ」で、問題はドル建て週25000ドル（9000万円相当）もするギャラの支払いだった。当時も依然として外貨割当制度は残っていて、闇ドルでギャラの調達を迫られた。しかし、闇ドルだけではノー・ギャラでショウに出たことになる。さすがにナット・キング・コールのような大物は、そういうわけにはいかないし、当局に目をつけられてしまう。そこで、ドルを多く保有している新聞社と話をつけて主催者となってもらい、ギャラを支払うという形をとった。

61年5月、ナット・キング・コールは来日した。ところが、初日以外は産経ホールには客が入らなかったのである。ニュー・ラテン・クォーターでのショウは、入場料が高いと言われながらもまだ客が入った。週刊誌では、その高いチケット代のことを皮肉って「コール1枚、コート1枚」と好き勝手なことを書かれた。ナット・キング・コールのチケットは、一番高い席が3000円で当時として、レインコートを買えるほどの金額だったのである。

それだけ払ってでもナット・キング・コールを聴きに行く日本人は少なかった。清水によると銀座の事務所にはプログラムが大量に積まれていた。全国の公演会場から送り返されたものだった。それを目当てにやってきたのが新聞記者たちだ。山と積まれたプログラムを写真に撮って、「これだけで、ナット・キング・コールの来日公演が大失敗だったことがわかるね」と、意地の悪いことを言う記者もいた。

山本信太郎は、ニュー・ラテン・クォーターの裏で達司と話したことを覚えている。

「たっちゃんが、みんなに、こう言っていたんですよ。『なんで、こんなに拍手がないんだろう』と。それほど拍手がなかったのです。ですから、店の裏で、たっちゃんに、その理由を話しました。『いま演奏しているのは、この会場にいる誰もが知らない曲ばかりですよ』と」

このときナット・キング・コールが歌っていたのは、日本では馴染みのない新しい曲ばかりだった。達司はラスベガスで聴いた曲を、そのまま日本で演奏させたのだった。それは、日本の聴衆が望んだナット・キング・コールの曲ではなかった。山本からの助言を素直に聞き入れた達司は、かつてのナンバーを演奏してほしいとナット・キング・コールに頼んだ。だが、『モナ・リザ』にしても『プリテンド』にしても、「そんな曲の楽譜はもってきていない。音が出せない」と彼は言う。なんとかできるのは『トゥー・ヤング』。ナット・キング・コールが、『トゥー・ヤング』を歌い始めるとこれまでのことがウソのように大きな拍手が沸き上がった。

「これは、いいですねぇ」と、達司が山本に言った。

「また次、やりますか」、そう続けた。

「お願いします」と、山本もそう答えた。

エージェントを巡る世界一周

62年5月、達司は、ロサンゼルスのヘンリー・ミラーのところに立ち寄り、ジャズのふるさと、ニューオーリンズに向かった。

達司はその後、デンバーでナット・キング・コールに会い、ニューヨークへ向かった。ハワイのラルフ円福を知り、GACとのコネクションはできたが、当時のアメリカでは特に出演交渉には芸能エージェンシーを通すことが必要だった。GAC、ウィリアム・モリス、アシュリー・フェイマス、ABC（アソシエイテッド・ブッキング・コーポレーション）の4社が大手で、アメリカのポピュラータレントの9割方を押さえていた。達司は残りの3社も次々とまわり音楽出版社ともサブ・パブリッシャーの契約をした。

ウィリアム・モリスでは、副社長のディック・アレンが窓口で、後年フリオ・イグレシアス、バニー・マニロウを日本に呼ぶことに繋がる。ABCは、1940年にロシア系ユダヤ人ジョー・グレイザー（ジョセフ・G・グレイザー）とルイ・アームストロングによって設立された。当時の黒人ミュージシャンの70％が所属していたといわれている。

このあとローマ、パリ、ロンドン、ハンブルク、サイゴン、バンコク、シンガポールの芸能エージェンシーを訪ねて歩いた。この世界一周旅行によって、世界のエージェントと太い繋がりをつくりあげた。日本人離れした体軀と流暢な英語は、海外の人たちの心をつかんだことだろう。

このとき知り合ったひとりが、ルー・グレード。イギリス最大のエージェント「グレート・オーガニゼーション」の社長をつとめる大物だった。後にロードの称号を贈られている。

ロンドンでエージェントをしていたヴィック・ルイスと知り合ったのも、このときだった。正確にいえば、再会ということだ。

ジャズで勝機を

キョードー東京の山崎芳人社長は、敬愛する永島達司をこう振り返る。

「当時、協同企画と協同企画エージェンシーという、二つの会社がありました。協同企画は、いわゆる親会社でミュージシャンを招聘し、その興行部門を協同企画エージェンシーが担っていました。私は入社する前に、協同企画エージェンシーでアルバイトをしていて、その後正式に入社しました。親会社にあたる協同企画の永島さんは私からすると雲上人のような存在でした。新人のころは、永島さんのお顔を拝見するだけでも緊張して直立不動になったものでした。

駐留米軍の仕事が終わりに近づく1、2年間、永島さんが招聘するミュージシャンは、月曜日から金曜日までがニュー・ラテン・クォーター、土曜日が米軍キャンプ。さらに日曜日に一般向けのコンサートをして帰国するというスタイルでした。永島さんを頂点としてテリトリー別にビジネスが分かれていて、ナイト・クラブと一般公演が協同企画エージェンシーで、米軍キャンプを有働さん（ウドー音楽事務所創立者）が担当していました。米軍のキャンプ回りは永島さんや有働さんとご一緒でしたが、当時私は楽器車の運転手で、永島さんに口を利けるような立場ではありませんでした」

山崎は、続けて語る。

「永島さんと同じようにショウ・ビジネスにロマンを見ていた人たちの中にジャニー喜多川さん、メリーさん姉弟がいました。戦後の日本人の子どもたちが、食べるものもなく、垢まみれだった一方で、米軍キャンプにいるアメリカ人の子どもたちは格好よくてきれいだったそうです。ジャニーさんは、その様子を比べて、日本人の男の子もカッコ良くしたいというのがロマンだった、と永島さんは聞いたようです。

私はいま経営者になり考えてみると、お金にはなかなかならないかもしれないけれど、これはやらなくてはいけない、日本人に紹介しなければいけないという使命感のようなものが、やはりこのビジネスのロマンでありスタートではないかと思います。

1963年、ニューオーリンズ・ジャズ・オーケストラという、平均年齢75・6歳の7、8人の黒人のジャズ・オールスターズの仕事で、私も夏の間3カ月間くらい彼らとツアーで日本各地を回りました。彼らに多大な影響を与えたのは、初期のディキシーランド・ジャズのルイス・ネルソン・ドリールが有名です。

当時、永島さんは、労音の人たちに、ニューオーリンズ・ジャズのミュージシャンを招聘してほしいと頼まれ、早速当時のエンターテインメント業界の著名エージェントだった、ヘンリー・ミラーに相談してみたものの、あまりにも無名なミュージシャンばかりだったため、詳細がすぐにはつかめませんでした。そこで、永島さんは、ヘンリーと一緒にニューオーリンズで彼らを探すことになりました。しかし、当時はまだ人種差別が、色濃く残る中、メンバー探しはかなり困難を極めたそうです。ニューオーリンズにある歴史的なプリザベーション・ホールまで行き、いろいろな情報を集め、方々を探し回ったそうです。そのとき滞在したのは、格式の高いルーズベルトホテル。ヘンリーさんが、ご自身と〝タツ永島〟の名前で、ホテルの予約を取っていたので、チェックインすると、ホテルのフロントは、永島さんの方を見て『あなたがミスター・ミラーですね』と、言ったそうです。『ヘンリーに申し訳なかったよ』と永島さんが話していたのがとても印象深いです。

それほど永島さんは日本人離れした格好良い人でした」

ジョージ・ルイスの来日

63年8月、ジョージ・ルイスは、ニューオーリンズ・オールスターズとともに来日した。卓越したリズム感と哀愁を帯びた音色で奏でるルイスのアルバート式クラリネット。それがルイスの持ち味で、ジャズの原点ともいえるニューオーリンズ・ジャズが会場に流れていた。

新宿厚生年金ホールは3000人以上のファンが詰めかけ、空前の熱狂的コンサートになった。大阪には長期間滞在。全国各地で公演を行ない、会場に詰め掛けたファンは、延べにして32万人にも達したという。労音は、当時全国各地に60万人の会員がいる大きな団体で、年会費を徴収する代わりに会員へのサービスのひとつとして、アーティストの公演案内なども紹介していた。元キョードー横浜社長の藤村良典は、「永島さんは、労音の協力も得て、海外や日本のアーティストを招聘していました」と話す。

初来日したジョージ・ルイスは、河野家に泊まったことがある。河野隆次の息子で元キングレコードの河野次郎は当時の様子を語る。

「ベンツのバスで鵠沼の家に、ジョージ・ルイスとトロンボーン奏者のルイ・ネルソンがやって来て2、3日泊まったのです。ふたりは畳の部屋に寝ていました。兄貴が中学のブラスバンドでサックスをやっていて、ジョージ・ルイスが『吹いてみたい』と兄のサックスを吹いたんです。とても素晴らしくて、録音機がないのが本当悔しかったですね。父は、司会者としてルイス一行と日本各地を一緒にまわっています」

オールスターズは、翌64年5月、65年5月も来日し全国をまわる。そのときも河野隆次が司会を務めた。

石黒良策によると、このバスを運転していたのはマイク中村（中村実）で、このツアーの移動で使われたのは、協同企画が所有するベンツ製のバスだった。そのころは、交通網も整備しておらず、東京から鹿児島に行くときには、神戸まで高速道路を使い、そこから先は一般道を走ったという。バスはせいぜい時速１００キロまでしか出なかった。鹿児島までは33時間かかった。それでも列車を乗り継ぐよりも早かった。そこまでしないと、次のショウに間に合わない。それほどスケジュールは詰め詰めに入れていた。

石黒は、そのバスについて語る。「内装がウッド製で、いかにも外国人好みのするリムジンバスでした。しかも、車の半分上が臙脂(えんじ)色で、半分下が肌色のツートンカラーのバスでした。当時そのようなバスは、どこにもなかったのですね。みんな、振り返って見ていました。もちろん、ベンツ製だからベンツのエンブレムはあり、目立っていましたよ」

実は、このバスには裏話がある。「ベンツのバスは新車で購入しましたが、たくさんの楽器や荷物が積めず、ガソリンをかなり消費するわりには、スピートが出ないというので、全国ツアーの途中で、日産の28人乗りのバスに切り替えてしまいました」と石黒は話す。

日本ルイ・アームストロング協会会長の外山喜雄は、中学のころ映画で見たトランペットに惹かれてトランペットを買ったという。高校時代、神田の古書店で買ったルイ・アームストロングの自伝『Satchmo My life in New Orleans』（Amer Reprint Service Inc刊　１９５４年）の原書を読んで、英語ができるようになったそうだ。

外山喜雄は語る。

「１９６３年、私が大学2年生のころ、ジャズの故郷、ニューオーリンズに憧れていました。同年4月ルイ・アームストロングが来日したとき、ニュー・ラテン・クォーターで立ち見しました。のちに知りましたが、羽田空港の記者会見室では、ルイ・アームストロング夫妻の横に永島さんがいて、ジャズ評論家、いソノてルヲさんも立ち会っていたんです。

永島さんが呼んだジョージ・ルイスは衝撃でしたね。私はジョージ・ルイス一行について夜行列車で大阪に行きました。お金がなかったので、土管の中などで野宿したりしましたよ。そのうち、メンバーとも友達になり、裏から入れてもらえることもありました。

そのときに同行していたマネージャーのアラン・ジャフェに『ニューオーリンズで、プリザベーション・ホールというジャズ小屋をやっているんだ。そんなにジャズが好きだったら、そのうちニューオーリンズに来いよ』と言われたんです。実際は5年後に、ジャズの武者修行のため妻と一緒に行きました。

その後、永島さんと仲の良かった、いソノてルヲさんご夫妻とロサンゼルスのジャズ祭と、ニューオーリンズを回るツアーもご一緒しました。現地で、〝タツ永島〟の名前をよく聞きました」

ナット・キング・コールの再来日

1962年にはベンチャーズ。63年にはジョージ・ルイス、パティ・ペイジ、ルイ・アームストロング、ナット・キング・コール。64年には、ベニー・グッドマン、パット・ブーン、ブラザース・フォア、ピーター・ポール&マリー（ＰＰＭ）。65年にはグレン・ミラー、ヘンリー・マンシーニといった、超大物歌手、オーケストラ、合唱団が来日している。これはヘンリー・ミラーとタツ・ナガシマのパイプがあったからだった。達司が新々プロダクションを設立したときには、進駐軍を通じてしかできなかったことが、自らの人脈でできるようになったのである。

このころ達司が一番喜んだのは、ナット・キング・コールの再来日が決まったことだった。「もう一度日本に行きたい」と連絡が入り、デンバーで再会した。しかも、「今回は、ギャラはそんなにいらないよ」と言ったという。

二度目の来日時には、ナット・キング・コールの『ランブリング・ローズ』がアメリカで爆発的にヒットしていた。そのことにより、日本でも知名度が上がっていた。ニュー・ラテン・クォーターのショウはもちろん、各地でのショウもどこも大入り、大成功をおさめた。

達司とナット・キング・コールは、ジョンソン基地時代にコールからスーツをもらい、深い繋がりがあったこともあり、プライベートでもよく会っていた。達司は、ナット・キング・コールと日本の地方をまわったときは、汽車の最後尾の展望車を借り切って旅もした。64年にニューヨークのクラブ「コパカバーナ」を達司が訪ねたときには、「タバコは体に悪いから、これにしろ」と、ナット・キング・コールは達司にパイプを渡した。

しかし、そういったナット・キング・コールが、その直後の65年2月15日に他界した。45歳。肺がんだった。最後に遺した曲は『L-O-V-E』。死の直前にリリースされたが、たとえナット・キング・コールの名を知らない人でも、その曲は知っている。

なお、ナット・キング・コールの死後、達司のデスクにはいつもパイプが飾ってあったという。

達司のおもてなし

達司は、来日したアーティストたちをできるかぎりもてなした。ふだんイメージを大事にしているミュージシャン、俳優たちが、仕事を忘れてリラックスできる場所を用意する。そのことに、達司は気を配っていた。1950年に創業した福岡・中洲にあるメキシコ料理「ロシータ」は兄の英雄から教えてもらい、達司もよく利用していた。

店主の吉崎真一は「トリオ・ロス・パンチョスを連れて、お兄さんと一緒にお見えでした」と。

石黒の記憶では、当時、京都会館の公演で、達司と一緒にパット・ブーンやジュリー・ロンドンを連れて行ったとき、「京滋」というタクシー会社のハイヤーを呼ぶと、花柳界を流すその会社の運転手たちは達司の顔を見ると「永島社長、お元気ですか?」と声をかけてくる。いかにもそのあたりで馴染んでいるという雰囲気を、石黒が感じたのだった。

カントリー史上もっとも賞賛されている、といわれる女性ヴォーカリストのドリー・パートンが来日したときに大洋音楽時代の水上は永島から「彼女をそこに連れていけ」と言われたレストランがある。京都の東大路にある、せいぜい10人座れば満席になってしまう普通の家屋をレストランに仕立てたお店で、ステーキハウス「芦屋」という。水上が、2階に上がると驚いた。そこには、カーペンターズ、エルトン・ジョン、セルジオ・メンデスをはじめ世界的に有名なミュージシャンたちが食事を楽しんでいる写真がずらりと並んでいた。京都で公演があると必ず、達司はここにミュージシャンを招待していた。

芦屋と達司を結び付けたのは、芦屋の女将・島時子の元夫ボブだった。アメリカ出身で戦後に京都大学に留学してきた。その当時、京都に住む外国人は3人だけと言われていた。そのうちのひとりがボブだった。彼は、日本語が堪能で、あるときから、大阪の門真に本社を置く松下電器産業(現・パナソニック)で英語を教えるようになった。達司は、芦屋がオープンする前に、ボブと偶然にも再会したのである。彼は達司と同い年でニューヨーク・ロングアイランド出身。まさに達司と同じ学校に通った顔見知りだった。

ステーキ店をはじめたのは、旅行会社を営んでいるボブが、外国人観光客を京都に招くことがあり、そのとき困ったのが食事だったからだ。京都市内を観光してまわっているときに気軽に入れるステーキ屋がなかったのだ。

カーペンターズの兄妹は、達司がいなくても京都に来たときには必ず芦屋に足を運んだ。妹のカレンは、ものすごく真面目だった。エルトン・ジョンも真面目だった。陽気だったのはセルジオ・メンデス、オリビア・ニュートン＝ジョンだった。彼らは、ただ食事を楽しむだけでなく、興に乗ると自分のギターを手にして曲を奏でた。自分の持ち歌を披露するミュージシャンもいた。

島は、達司が苦労をしているところを見たことがある。ミュージシャンによっては日本での知名度が低く、どうしても京都会館の客席が埋まらないことがある。そのときには、太秦にある東映の撮影所に行った。知り合いに声をかけてチケットを配ってショウを見てもらった。当然赤字は覚悟のうえだった。高倉健もわざわざショウを見に行ったことがあった。その帰りに、達司とともに芦屋に足を運んだ。達司は、高倉健や北大路欣也と仲がよかった。三人連れだって初詣に行ったこともあった。

意外だったのは、高倉健だった。芦屋で、外国人ミュージシャンと過ごすときには英語で楽しそうに話していた。テレビやマスコミの前に出ている口数の少ない寡黙な男というイメージとは異なり、実に陽気でサービス精神も旺盛だった。そのときの高倉は、二枚目俳優というイメージより三枚目に近かった。ちょうどヤクザ映画を撮影していたときには、わざわざ着ているものを脱ぎ、背中に描いた迫力ある入れ墨を見せてくれたこともある。

タツが大好き

『遥かなる影 Close To You』『イエスタデイ・ワンス・モア』『トップ・オブ・ザ・ワールド』などで1970年代、一世を風靡したカーペンターズ。64年から14年間の活動で、アルバム・シングルの総売り上げ枚数は1億枚以上とされている。兄のリチャードは語る。

「72年、私が楽器を、妹のカレンがヴォーカルだったカーペンターズは、最初の日本公演を武道館で行ないました。プロモーターはタツで、そのとき初めて彼と会いました。彼はきちんとした身なりで品があり、現場のすべてを仕切っているのがわかりました。

スタッフを含めた我々の面倒を本当によく見てくれましたし、報道陣と会うチャンスもたくさんつくってくれました。来日中、タツはさまざまなレストランに食事に連れて行ってくれました。おかげでしゃぶしゃぶや天ぷらなど、いろいろな種類の料理を味わうことができました。また、タツからは贈り物もたくさんもらいました。76年のことです。私は大阪の店でみつけたネクタイが気に入ったのですが、結局買いませんでした。ところが日本から帰国するときに、タツが箱を渡してくれたのです。開けてみると、なんと大阪で買えなかったネクタイとポータブルラジオが入っているではありませんか」

刺繍が好きだったというカレンは、日本語で「だいすき」と刺繍を施したハンカチを達司にプレゼントしたこともあった。タツに対するカレンの感謝の想いが込められていたのだと、リチャードは思う。

「96年に『22 Hits of Carpenters』が大ヒットして、日本へプロモーションツアーに行ったときにもサプライズがありました。キャピトル東急ホテル（現・ザ・キャピトルホテル東急）でディナーに行ったのですが、私の気に入っているバーガンディが用意されていて、飲む時間に合わせてコルクが抜いてあったのです。タツが手配してくれていたのですね。彼は自分が世話するアーティスト全員の好みや、苦手なもののリストを作っていたに違いありません。彼は同時に複数のアーティストたちの世話をしていました。ちょうどこのときも我々とシカゴが一緒でした。別々のグループをそれぞれの場所で、きちんと面倒を見るなんていくらタツが有能でも容易なことではないので、きっとタツがもうひとりいるに違いないと思ったほどです」

僕に日本を教えてくれる先生

セルジオ・メンデスが、達司と初めて会ったのは、『セルジオ・メンデス&ブラジル66』で日本に来たときだった。

「初来日のとき、タツは私を空港で待っていてくれて、それ以来、40年間にわたる親しい付き合いとなりました。60年代から90年代にかけて、タツは私にとって特別な人でした。頭が良く、思いやりがあり、音楽を愛し、エレガントでおもしろく、楽しい人でした。タツは当時の日本人としては珍しく、英語を完璧に話すことができたのです。

また、タツはアメリカ側の弁護士やマネージャーなどからも評判が良く、尊敬されていました。そういう意味でもタツはとても特別な人だったのだと思います。私も含め、私のマネージャーや彼と交流があった人々は皆、彼について良いことしか言いません。私は幸運なことに、何度も訪日してタツと一緒に全国をまわり、彼がビートルズ、ハリー・ベラフォンテ、アンディ・ウィリアムスなどを、日本に招聘したときの話を聞いたものです」

通常プロモーターは、音楽に対してあまり精通していないというのが、セルジオの持論だ。しかし達司は音楽に情熱と知識を持っており、音楽を愛していたという。

「70年に開催された大阪万博のときには、タツは私と妻を京都や奈良などに案内してくれました。また、伊万里焼をプレゼントしてくれて、その素晴らしさについて教えてもらったこともあります。タツと一緒にサウナに入って、話を聞くのがとても楽しくて、良い経験でもありました。

私とタツは日本全国、沖縄から札幌まで一緒にツアーをしました。その地方の郷土料理や風習についても教えてくれたものです。あるときタツから、『渋い』という言葉を教えてもらったことがあります。外国人が『渋い』という意味（概念）を理解するのはなかなか難しいです。しかしツアー中に彼から日本の文化や日本人の精神などについて多くのことを教えてもらい『渋い』も何となくわかった気がします」

セルジオにとって達司は「日本」を教えてくれる先生だったという。また彼を通して日本や日本人に対する見方もずいぶん変わったそうだ。

「タツとは京都の寺院巡りもしました。いずれも素敵なところばかりです。大徳寺、龍安寺、金閣寺など好きですが、なかでも圓通寺（京都市左京区岩倉）は最も感動したお寺でした。タツと一緒に座って、小さな庭園を眺めながら、立木の背後に見える比叡山を借景としてシンプルだけど禅のエッセンスがあり、質素で安らかなところが気に入りました。

日本全国の数多くの日本料理のお店にも行きました。大阪の『吉兆』にも連れて行ってもらい、そこで『おまかせ』など、日本の伝統的な懐石料理を堪能しました。京都・清水にある『芦屋』は、シックな店構えなのに、実はステーキハウスで意外な感動がありました。彼は料理にもとても詳しくて、私があまり好まない料理についても教えてくれました。例えば、名古屋の鶏のささみの刺身。これは食べられませんでした。でもタツの説明でこの料理が名古屋の人にとって、誇りある料理だということがわかりました。また、多くの外国人が苦手とする納豆も食べさせられました。東京・四ツ谷の『ミクニ』にも行きました。タツはそこをとても気に入っていたみたいで、何度も一緒に行ったのを覚えています。

大相撲観戦や剣道の大会、タツのおかげで日本の文化を多く経験することができました。また、彼は数多くの素晴らしい人たちを私に紹介してくれました。タツとソニーの創業者のひとりである盛田昭夫氏とマキシム・ド・パリで一緒に食事をしたこともありました」

亡くなる数カ月前に達司はロサンゼルスを訪れた。そのときにセルジオのかつてのマネージャーで、ハリー・ベラフォンテやアンディ・ウィリアムスのエージェントでもあった、ジェリー・ペレンチオと3人で食事に出かけたという。そのとき達司はオレンジ色のカーディガンを着ていた。「とある駅前で写真を撮ることになりました。そのときにタツに『そのカーディガンどうしたの』と尋ねたら、パット・ブーンからもらったものだと言っていました。タツは何年もそれを大事に着ていたようです。その写真のなかのタツは背が高くて、男前で、エレガントです。そのときに会えたことが、とてもうれしかったことをいまでも思い出します。

私はブラジルにいた14歳のときに、黒澤明監督の映画『七人の侍』『用心棒』などを観て、黒澤映画の中の日本に魅了されました。そのころはまさか将来、日本へ来るとは夢にも思っていませんでした。初めて来日してから50年以上も経ちます。圓通寺はタツと一緒に行ったときと変わっていません。タツと一緒に行った日本食レストランも、いまでもあのときと同じ美味しい料理を堪能することができます。ただ、いまはタツがいない。それが寂しいです」

タツは特別な人、オリビア・ニュートン=ジョン

「タツ・ナガシマはとても特別な人でした。彼に会ったとき私はまだ10代と若くて、クリフ・リチャードのツアーにバックコーラスの一員として参加していました。タツがそのツアーのプロモーターだったのです。彼は気品があり、優しく洒落ていて独特の笑い声と雄弁さで、すぐに私を虜にしました。実を言うとちょっと恋心すら抱いてしまったのです。当時、私がまだ持っていなかった

カセットプレイヤーを買ってくれたのは、タツだったと思います。ディナーに連れて行ってくれたとき、彼は誰にも気付かれないようにそっと席を外し、デザートになるころ、またそっと戻って来ていました。後でわかったのですが、そのときは他に3つのバンドの面倒を見ていたそうです。そして私たちと同じように、他のバンド全員が各自、特別に歓待されていると感じるように、もてなしてくれたということです。タツがいなくなって寂しい思いをしていますが、知り合いになれたことを心から感謝しています。彼は本当にとびきり素晴らしい人でした」

達司の紹介状

音楽評論家の湯川れい子が達司と出会ったのは、1960年の初め。協同企画が招いたカナダ出身の4人組男性コーラスグループ「フォーラッズ」のプログラム作成が始まりだった。その後、62年に「ラバー・ボール」がヒットしたボビー・ヴィー、『Hey' Let's Twist!』に主演、主題歌も歌ったジョ・アン・キャンベルの来日コンサートが、東京・新宿の新宿コマ劇場で行なわれ、その司会が湯川にとっては初めての司会業だったが、達司から直接依頼を受けてのことだった。

赤坂にある「ニュー・ラテン・クォーター」にもショウ・プログラムが変わるたびに出かけた。大きなグラフマガジンで執筆するコラムのためだった。一般公演が行なわれていない駐留米軍向けのアーティストを達司が招聘。サミー・デーヴィスJr.やビリー・エクスタインなど、世界的なアーティストばかりであったが、それを達司は「ニュー・ラテン・クォーター」のショウにもまわしていた。

湯川が「ニュー・ラテン・クォーター」の店の端の席で見せてもらっていると、時折、達司がそっとやってきて彼女の横に座ることがあった。そのような機会に、達司といろんな話を交わした。日本ではなかなか会えないアーティストを紹介してもらい、インタビューをさせてもらえるようにもなった。

そのような経緯もあり、1964年10月に湯川が初めて渡米した際、達司には3通の紹介状を書いてもらった。1通は、ハワイ・ホノルルでプロモーターをしているラルフ円福に宛てたもの。2通目は、ハリウッドのプロデューサーのシャピロ。3通目がニューヨークのレコード業界誌、ビルボード編集長のリー・ジトー。渡米に際して達司は、初めての旅で、アメリカに誰ひとり知人のいなかった湯川のためにセレクトしてくれた3人だった。そして達司が教えてくれたのは、彼女がハワイに着くころ、ナット・キング・コールとミルス・ブラザーズがハワイでショウしているということだった。

「インタビューしてくるといいよ」と、達司は湯川に言った。

ところが、ハワイに着いた湯川は、ラルフ円福から思ってもみない歓迎を受けた。待ち合わせはなんと朝6時30分。ホテルのロビーで3時間近くも待たされた上に、迎えに来たのは白いひげを生やした小柄でかわいらしい白人男性で、「円福は外の車で待っている」という。あとで知るのだが、その男性こそGAC副社長のヘンリー・ミラーだった。

ピカピカのサンダーバードが停まっていて、円福は運転席にいたが、小太りな日系二世という印象だった。

「私が助手席に乗り円福さんが車を走らせて、しばらくすると『あなた、何しに来たの？』と日本語で聞いてきました。ナット・キング・コールとミルス・ブラザーズがハワイに来ていると聞いたので、インタビューしたいと正直に話すと、円福さんが急ブレーキを踏んで車を停めて『え？　あんた、コパカバーナのホステスじゃないの？』と（笑）。私をナイト・クラブのホステスだと思いこんでいらしたみたいで。円福さんは、ここではじめて心からの謝罪の言葉を述べて、『またこの忙しいときに、タツが、ホステスを寄こしたのかと思った』と誤解していたことを正直に話してくださいました。そして、『日本もあなたのような女性が海外に出てくる時代になったんだね』と感心して。

その後、音楽や湯川の戦争体験も話し合い、改めて紹介されたヘンリー・ミラーを通して、それから何回もナット・キング・コールやミルス・ブラザーズとインタビューをさせてもらいました」

シャピロには、ハリウッドのスタジオ見学をさせてもらい、ニューヨークで会ったリー・ジトーからは、いきなり『ホワッツ・マイライン』、日本語に訳すと「私の秘密」というテレビ番組の出演依頼を受けた。クイズ形式のバラエティー番組で、もしそのパネラーが職業を当てられなければ、出演した一般人は５００ドルをもらえるという。湯川は即座に出演をＯＫし、５００ドルを手に入れた。さらに、ジトーから深夜放送のラジオ番組の出演オファーもあった。サラ・ボーン、コニー・フランシスといった歌手たちのショウを見て、その感想をふくめて、日本人から見た、ニューヨークについて語ってほしいというのだった。湯川は初めてのアメリカ体験で大きな飛躍を遂げた。

それはまさに、「Tatsuji Nagashima」の名前の入った名刺一枚によってもたらされたものだった。湯川がニューヨークを訪れる2年前に、達司は、日本人としてはじめて音楽出版に関する契約を取り結んだ。それは、ジョンソン基地時代から信頼と実績を積み重ねて、築き上げた結果だ。日本では、当たり前のように接している達司の偉大さを湯川は感じたのだった。

しばらくして達司のもとには、円福をはじめとしたプロデューサーから手紙が舞いこんだ。紹介状を書いた相手から手紙が来るのは珍しいことだった。「かわいいお嬢さんを紹介してくれてありがとう」といったことが書かれていた。

「なんで、女性を紹介するとこんなに手紙が来るんだ」と、達司は苦笑していた。

「ハッシャバイ」「あいつ」の曲で知られるポピュラー・ジャズ・シンガーの旗照夫も永島達司の紹介状をもらい世界一周旅行に出かけている。

「1967年、世界一周旅行をしたときです。たっちゃんに『世界一周旅行をする』と話したら、当時、お兄さんの英雄さんが大洋音楽にいて、海外の音楽関係者に顔が利いたので、僕の旅行先に合わせてイントロダクション・レターを行く先々に送ってくれました。

そのとき、英雄さんに『目的は？』と聞かれて、『旅行を楽しんでこようと思う』と話すと、ホテルニュージャパンのバーテンダーで最優秀技術賞を受賞した沢井慶明さんの名前でナイト・クラブなどにレターを出してくれました。イギリスやフランスは出版会社の社長宛に、メキシコではトリオ・ロス・パンチョスのチューチョ・ナバロにも送ってくれたんです。

たっちゃんは、ともかく素晴らしい人でしたよ。英語も米語じゃなくてイギリスの上流階級の素晴らしい英語を話していました。僕がラジオ東京の『味の素ミュージックレストラン』でデビューしたてのときは、英語の発音を指導されたものです。僕も言葉は大事にしていたので、イギリスでは、米語は使わないようにしていました。世界に出るとき、英語は随分学んでから行きました。

いま振り返ると、僕が旅行に行くと聞いて、たっちゃんが、『旗さんが旅行に行くからイントロダクションレターを書いて』と、お兄さんに頼んでくれたことはとても嬉しかった思い出です」

石黒良策も、海外で、達司の名が世界に知られていることを実感するようになったひとりだった。

「僕が協同企画を辞めてイシプロダクションを設立したときに、永島さんがヘンリー・ミラー宛に紹介状を書いてくれました。文面には、僕にABCのジョー・グレーザーを紹介してくれと、書いてあったんです。75年GACのヘンリー・ミラーのもとを訪ねたときに、なんとヘンリー自身が空港に迎えに来てくれました。彼は永島さんのことを大切にしていて『ファー・イーストは、タツに任せている』と。そして、ニューヨークにいる興行界の超大物ジョー・グレーザーをわざわざヘンリーのオフィスに呼んでいて、驚いたことに僕の前で『彼と仕事をするように』と言ったんです。さらに、オーストラリアに視察に行ったときのこと。あるクラブのショウを見て、出演しているアーティストを呼ぶことにしました。一緒にいた内野二朗さんに相談すると、すぐにギャラ交渉に入るように言われたのです」

石黒は、ネクタイも締めずにクラブのマネージャーと会った。そのせいだろうか、そのマネージャーは石黒の足元を見たようなギャラを要求してきた。3500ドル。そして、自慢げに胸を張り、「おれは、いま日本で有名なプロモーターを知っている」と。

石黒がその名を聞くと、「タツ・ナガシマだ」と、その社長は答えた。すかさず石黒は、「おれは、タツ・ナガシマの子分だ」と言った。

相手の社長もさすがに驚いた。まさかこんなところまで「タツ・ナガシマの子分」が現れようとは思いも寄らなかったのだろう。その翌日、石黒が泊まるホテルには、リムジンが横づけされた。相手の社長が自分たちのショウを見せるために、最上級のもてなしで迎えに来たのだった。石黒がいくら断っても「いや、招待しますから」と強引に石黒を乗せた。クラブでは、ショウの一番前の特等席が用意されていた。

まさに「タツ・ナガシマ」の名前は、まるで水戸黄門の印籠のようなものだった。

協同企画と協同企画エージェンシーの役割

内野二朗は、1962年に汎芸能企画事務所を設立。ニュー・ラテン・クォーターをはじめとするナイト・クラブのプロデュース業に専念する。協同企画が招く海外の大物アーティストをナイト・クラブに出演させる。それとともに、それらのアーティストに関わるレビューを制作し、東南アジアばかりか中南米での公演を企画した。

さらに64年、汎芸能企画事務所は「協同企画エージェンシー」に社名変更した。その後、70年に「株式会社キョードー東京」に社名変更する。

それにともない、達司が経営する協同企画と、内野の経営する協同企画エージェンシーが分業体制をとることになった。協同企画が海外タレントの招聘や契約を専門に行ない、そのタレントの興行の企画制作を協同企画エージェンシーが受け持つことになったのである。

元大洋音楽社長の水上喜由が言う。

「永島さんは海外との交渉が仕事のメインでした。海外からのオファーは、すべて永島さんのところに来て、それをウドー音楽事務所とキョードー東京にわけていました。キョードーの分担は内野さんに、ウドーの分は有働さんに引き継ぎました。大洋音楽はキョードー、ウドーの三角形の頂点にいたので、僕はキョードー東京に手伝いに行くことが多かったです」

協同企画が海外タレントの招聘に専念することになったのは、年々大きくなる協同企画の赤字がその理由だった。石黒の記憶では、当時の協同企画は企画するものすべてが赤字、赤字の連続だった。時にはドイツからベルリン・バレエ団を呼んだものの、まったくお客は入らなかった。しかも、アーティストを日本に呼んで企画制作をすれば、ギャラ、滞在費などのほかにも、接待費が多くを占める。使い道はそれぞれ異なる。国内観光が好きなら名所旧跡などに連れていく。食事が好きなら、海外ではなかなか食べられない食事をごちそうする。達司は、このような接待にお金を惜しまなかった。

ＧＡＹカンパニーの濱田に言わせると「１００万円儲けたら２００万円つかってしまう」。それが達司だった。そのために当時の金額にして1億円以上の赤字を、協同企画は抱えてしまっていた。達司は資金繰りについて、東日貿易の久保正雄によく相談していた。この東日貿易に、慶應ボーイの有働誠次郎がいた。彼も米軍キャンプ関係の仕事をしていた。

折しも、東京オリンピックが行なわれる１９６４年を挟んで、これまで上り調子できた「呼び屋」、「プロモーター」がばたばたと倒れていった。樋口久人のスワン・プロモーションしかり、神彰のアート・フレンド・アソシエーションしかり、さらに、黒人ジャズを中心に招聘していたＪＢＣなどだった。

そのころの音楽業界の事情に詳しいのが元ニッポン放送代表取締役社長の亀渕昭信だ。人気を博したニッポン放送の深夜放送『オールナイトニッポン』の人気パーソナリティーとしても知られる。「永島さんが海外からミュージシャンを呼ぶ仕事を始めたのは１９５０年代からです。当時はいい時代でした。彼がルイ・アームストロングとかナット・キング・コール、ハリー・ベラフォンテ、ミッチ・ミラー、そういった方々と仕事をしていたことは、ニッポン放送に入ってから知りました。50年代60年代には、永島さんのほかにも、永田貞雄さん、神彰さん、樋口久人さん、中村康夫さん、横山東洋夫さん、康芳夫さんといったプロモーターたちが活躍していらした。しかし、ビートルズが来日した66年以降、興行の世界も変わりました。コンサートもスポンサーを付けないと、徐々に成り立たない商売となっていきました。そうなると永島さんが単に招聘して公演を行なうのではなくて、協同企画エージェンシーの内野二朗さん、上條恒義さんたちが電通をはじめ広告会社と一緒に、スポンサー集めをするようになりました。それでも永島さんは外国人ミュージシャンにとっては、ある意味、日本のプロモーターの象徴的な存在でした。『タツブランド』が確立されていて、『タツだから行くよ』と信用度の高い呼び屋さんでした。以前は呼び屋と言われていましたが、プロモーターと呼ばれるようになったのは、永島さんが最初ではないでしょうか」

達司はアメリカの大手エージェンシーと仕事をし、王道を歩くプロモーターであった。彼を支えたのは、キョードー東京の内野二朗、嵐田三郎、山﨑芳人、小倉禎子、小屋敷明、キョードー横浜の藤村良典、岡本哲、キョードー大阪の橋本福治などだった。

「彼らが永島さんをバックアップしていました。海外アーティストの公演ではキョードー東京がひとり勝ちの時期もありました。当時もいまもプロモーターのことを、陰で呼び屋と言う人がいます。ですが永島さんは海外育ちということもあり、背も高く、スマートでハイソサエティな雰囲気があり、ルックスも日本人ばなれしていて、とってもお洒落。まさに『プロモーター』という、当時新しかった呼び名がぴったりの方でした。何といっても永島さんの功労は日本にエンターテインメント・ビジネス、そして洋楽を広める原動力になったことではなかったでしょうか」

タツの車好き、リチャード・カーペンターと永島譲二

リチャード・カーペンターは、タツの車好きについてこう語る。

「タツも私も車が大好きでした。タツがフルサイズのリンカーンコンチネンタルを持っていたのを覚えています。1972年に日本へ行ったとき、彼はその車で迎えに来てくれました。当時はまだ日本の道幅が狭く、彼の車が巨大なのですごく興奮しました。武道館公演の当時の映画がありますが空港に降り立ち、私たちがリンカーンに乗り込むところが映っています。それがタツの車です」

二男の永島譲二は、現在、BMWドイツ本社のエクステリア・クリエイティブディレクターを務め、「5シリーズ」「3シリーズ」などの主要モデルのエクステリアデザインを担当している。

譲二は、「父の影響を受けた」と語っている。

「私は大学卒業以来一貫して自動車デザインの仕事をしています。私が自動車に興味を持ったことについては、父からの影響があったのではないかと思います。それは私が父を記憶している最初の日から車を所有し、毎日自分で車を運転して仕事に行っていたからです。アメリカ的な生活スタイ

ルの影響かもしれませんが、あの世代の日本人には珍しいことだったと思います。

私が覚えている父の最初の車はヴォークゾール・ヴェロックスという英国車（この車名ももちろん父から教わりました）でした。かなり年季の入った車で、仕事帰りに他人の車を借りて帰るのか、家のガレージには時々違う車が止まっていました。当時の父は米軍の基地で仕事をしていましたからそうした車の中にフォードやダッジ、最新のマーキュリー、またスポーツカーのMGなどがありました。そのころ珍しかったそうした車を頻繁に間近に見られたことが、自分の中で自動車への本格的な興味に繋がっていったのではないかと思います。

ちなみに後年私は仕事の都合でロンドンに約1年住むことがありましたが、ヴォークゾール（Vauxhall）というのがロンドン郊外の地名から取った車名であることをそのときに知りました。父はもちろんそれを知っていたでしょう。日本では通常ボクスホールと表記される名ですが父はヴォークゾールと発音し、そちらが実際の発音に近いことがよくわかりました。英語にはさまざまな段階というか、異なるクラス分けのようなものがあり、父の話す英語は明らかに上級の英語でした。

これはいわゆる、英国の旧式な社会階層を反映した上流階級の英語のことではなく、発音はアメリカ英語の方にずっと近かったのですが、極めて良い英語を話す人でした。

話を戻しますが、父は自動車に興味があり、晴海の自動車ショウにもよく連れられて行きました。父は少しのちにベンツを買いましたが、その印象も私の中で強力なものがあります。それは東京オリンピックのころで、当時はまだベンツは珍しかったのです。しかしそれから何年か経つと考えが変わったのか、国産車（プリンス・グロリアや日産セドリック）ばかりに乗るようになり、外車に乗るのは見せびらかしているようで嫌だと言うようになりました。かなり後年になって父は再び外国車に乗るようになり、アウディやＢＭＷに乗っていました。私がヨーロッパで就職し、そちらで生活するようになっても、父は相変わらず毎日自分で運転して会社に行っており、結局それはずっと最後まで変わりませんでした。

父はまったく酒を飲みませんでしたから運転する上で、都合が良かったということもあるでしょう。ちなみに親が飲まなかったため兄もまったく飲みません。私はヨーロッパで生活するとどうしてもワインが出てくるので、形程度に少量飲むこともありますが基本的にはやはり飲みません。父の最後の車はＢＭＷ５シリーズで私がデザインした車でした。記憶の最初の日から長年見てきた父の乗る車をデザインできたことは僥倖（ぎょうこう）だったと思っています」

石坂家と達司

元東芝ＥＭＩ専務の石坂範一郎は、戦前から東芝から出向する形で日本ビクターのレコード事業に携わっていたが、１９５４年に東芝の再建を目指す、縁戚の石坂泰三の命で東芝に復帰。レコード事業の再建と、東芝音楽工業株式会社としての独立に大きく貢献した。

経営者として優れるだけでなく、クラシック音楽にも精通し、アメリカのヴァイオリニスト、ユーディ・メニューインとは大親友だった。語学にも長けていて、達司の兄・英雄と同じくラテン語やゲルマン語などさまざまな言語の読み書きができた。世の中がどうなろうと音楽と学問があれば何も要らない。そういうタイプだった。

達司と石坂の固い絆を知るのは、石坂の長女で、国内外の俳優、スーパーモデル、文化人など幅広くマネージメントしている石坂邦子だ。

「父はそのころの日本人と比べると容貌も少し違っていました。身長も170センチを超えていて父の世代としては大きなほうで、外国人かと思われたこともあったようです。父は慶應義塾長の小泉信三先生のもとで経済学や哲学を原書で研究しており、海外事情への見識が深く未だ日本では馴染みのないビジネスモデルを積極的に取り入れていました。著作権もそのひとつでした。父が著作権を導入するときに、日音の社長になった村上司(まもる)さんにその内容を伝授していました。日音をつくるときに著作権が必要だということをよく言っていましたが、父は東芝から離れることができなかったので、『上を向いて歩こう』を手掛けた際に『これは絶対に行く！』というので、いち早く東芝音楽出版をつくったのです。

父は中村八大先生の才能はすごいとよく話していましたし、八大さんの楽曲を世界中の友人たちに自筆で送ったのが『上を向いて歩こう』だったんです。ヒットしたのはヨーロッパが先でした。海外に向けた名前が必要だということになり、日本を連想させる言葉といえば、当時はスキヤキ、富士山、芸者といったものしかなくて、レコード会社の幹部の方が家にいらしたときに『スキヤキ』にしよう、『スキヤキ』しかないと決めたのを覚えています。日本の音楽を世界に出したいという思いは人一倍強かったですね。無口な父でしたが、とにかく学者肌で、海外の歴史や文化にも精通していました。そんな父のもとに、達司さんは頻繁に訪ねてみえました。私も何度もお会いしています。タツさんが来られたのはいつのころかは定かではないですが、ずいぶんお若かったので年齢など考えると、ビートルズ来日よりもずっと前だったと思います。自宅はタツさんのオフィスのあるセントラルアパートの向かい側にあります。ですから、いつでも会える環境でした。タツさんが父を尊敬してくださっていたことが私たち姉弟にも影響しています。タツさんにとって、父＝私たち家族だったのです。ですから、弟のことも可愛がってくださり、私が自分で会社を興すときにも相談に乗ってくださいました。弟は、むしろ、父が亡くなってからタツさんとの繋がりが深くなった気がします」

石坂敬一は、ビートルズ日本公演の立役者のひとり、東芝音楽工業の実質的経営者・石坂範一郎の長男。東芝ＥＭＩ（２０１２年解散）では名物ディレクターとして知られ日本ポリグラム、ユニバーサルミュージック・ジャパン代表取締役会長兼ＣＥＯを経て、ワーナーミュージック・ジャパン代表取締役会長兼ＣＥＯ、日本レコード協会会長を務めた。

「父が永島さんと仲が良かったこともあり、僕は小学生のころから永島さんを知っていました。そのころは彼が何をやっているのかよくわからなかったですね。でも子どもながらにすごい格好いい人だと思っていました。東芝ＥＭＩに入社し、社会人になって改めて永島さんに挨拶に行ったら、すごく喜んでくれて。お兄さんの英雄さんも面白くていい人でね、すごく酒を飲むんですよ。僕が入社して間もない1970年頃、英雄さんと永島さんの部屋でよく飲んだものでした」

という。

石坂は達司に対して、国籍に関係なく誰からも尊敬され頼られる人間、という印象を持っていたという。ポール・マッカートニー、ジョン・レノン、エリック・クラプトンなど慕っているアーティストは、枚挙にいとまがない。ビートルズのマネージャーのブライアン・エプスタインやエルトン・ジョン、シカゴ、ジョン・メイヤーなども達司に大きな信頼を寄せていた。なかでもポールは、2つの音楽出版のサブライセンスも達司に預けていたことからもわかる通り、群を抜いて達司を慕っていたようだ。

内田裕也と達司との面白いエピソードを知っていると石坂は次のように語りだした。

「裕也さんが『永島さん、あのアーティスト呼んでください』なんて言うと『裕也、それは無理だよ』とか永島さんが答えます。でも結局は呼んでくれるのです。例えばジェフ・ベック。ベックのときは京都で揉め事が起きました。永島さんが最後に出てきて、まとめましたが、それがすごかったです。ベックが公演に出ないと言いだして、裕也さんがそれを永島さんに言いつけたのです。かなり揉めてベックのマネージャーに永島さんが『あなたは早く帰りなさい。もう日本に来なくていいし仕事もさせない。でもベックは預かる』と上品ですがとてもすごみがありました。マネージャーも驚いていましたが、無事公演は行なわれたのです」

誰もが語るように達司は相手を威圧する雰囲気をまとう。しかし口から出るのは上品な英語だ。

そうしたギャップに面食らう者もいて、それが達司の狙いだったのではないかと石坂は密かに思う。

「私にとって永島さんは精神的な支柱でした。永島さんは音楽ビジネスの偉人と同じ歩みをしていて、世界に通用していた人物だったと本当に思います。永島さんは呼び屋って言われるのは好きじゃなかったですね。音楽プロモーションの要石、だから今プロモーションのために、納得できない仕事をしている呼び屋さんもいるのだろうけど、永島さんから見たらそういうのは同業とは思わないでしょうね」。達司を表すなら素敵でダンディな実力のある経営者。また皆が褒めるように「永島さんはあらゆることに関して勉強家だった」と石坂は達司を評する。

「父は永島さんと同時代に働いていた。ふたりはすごく気が合っていました。ビートルズを呼ぼうと先に計画していたのは父でした。グランド・ファンクを協同企画で呼んで、永島さんを信用したんです。また、父は語学の研究をしていて、永島さんの英語は完璧に近くて格調高く、言葉の端々に教養が滲みでて華麗だといいたく敬愛していました。永島さんは人物も英語も超一流でしたよ」

エンターテイメント界のジェントルマン

音楽や映画、美術、舞台などで活躍しているプロデューサー、立川直樹は永島達司と出会ったときの様子を次にように語る。

「タツさんにお会いしたのは、1970年の秋から暮れの間だったと思います。同年のエイプリルフールに、神田の共立講堂で『第3世界のヘッド・ロック』と題した日本初のライトショウをプロデュースしました。フラワー・トラベリン・バンドとザ・モップスとハプニングス・フォー・＋1（プラス・ワン）と頭脳警察をブッキングして、会場全体がエンバライメントショウみたいなのをつくったんです。ちょうど、渡辺プロダクション（通称ナベプロ）の中井國二さんが観客として見ていて、終演後に楽屋を訪ねて来て『タイガースをメインにした野外コンサートを考えているから、一緒に仕事をしようか？』と。まだ21歳の僕を抜擢してくれたんです。会場に16メートル×9メートルでアクリルのステージを作り、下からライトを照らす演出「田園コロシアム・ザ・タイガース・ショウ」（70年8月22日）を行ないました。

当時、舞台設営会社はなくて、野外の田園コロシアムで初のロック・コンサートでした。新聞にも取り上げられ、それを目にしたキョードー東京の興行部長だった上條恒義さんが『これから日本もロックの時代が始まる。キョードー東京でも12月に本格的なロックのユニバーサルコンサートをやろうと思っているので、その構成とか舞台全体のことをやってほしい』と仕事を依頼されたのが、タツさんと知り合うきっかけでした」

立川は10代のころから頻繁にコンサートに行っており、達司の姿は何度か会場で見かけたことがあった。日本人とは思えないくらい格好良く、身長も高い、ちょっとイヴ・モンタンのような雰囲気がある、というのが、立川が達司に抱いた印象だった。

「最初に挨拶したときも『よろしく。上條から聞いているので、好きなようにやって』と、ものすごくジェントリーでした。石坂敬一さん（当時、東芝ＥＭＩ）の父親である東芝音楽工業の石坂範一郎専務とタツさんが、僕が認識しているエンターテインメントの世界のジェントルマンというイメージ。そして、タツさんは興行の世界の人だから、すごみがありました。

タツさんは、群れを成さない人。いっぱい人を引き連れているタイプではなくて、いつもひとりのイメージが強かった。鞄を持たずにいつも手ブラ。背が高くてポケットに手を突っ込んで、会場に来るときも大げさに来ないで、フーっと来て正面にはいないで陰の方に。そして用事だけ済ませると気付かないうちにいなくなっていました。僕は群れを成さない人ってすごく好きで、セルジュ・ゲンスブールのように、僕にとってはとても理想的な人でした。もしかしたら、僕が日本人で初めて格好良いと思ったのは、タツさんだったかもしれません」

立川は1970年に株式会社にした方がいい、と周囲から助言もあり事務所を設立した。事務所となる物件を探しているときに、達司がキョードー東京の入っている青山の共同ビルの部屋を提供してくれた。キョードー東京の人たちからは親戚でもないのに、永島さんがなんであんなに可愛いがるのかと不思議がられていたという。

「タツさんに僕は何をしたらいいですか?と聞いたら、『僕はユーの情報と感性だけが欲しい。相談に乗ってくれたり、いろんなことを教えてくれたりすればいいよ』と言われて、結局2年くらい居ました。72年か73年にタツさんと上條さんに『これからラブサウンズをやるから、パリに行っていろんなアーティストを見て面白そうなものをチェックしてきて』と頼まれました。キョードー東京が全部お金を出して、1カ月パリに行かせてもらいました。初めてのパリで、車付きでシャンゼリゼ横のホテルに滞在して通訳も付いていました。本当に大名旅行でしたよ。

日本のバンドはマネージメントが大変です。僕がコスモス・ファクトリーというバンドのプロデュースをして、最初日本コロムビアで一枚アルバムを出しました。その後、石坂敬一さんの誘いで東芝ＥＭＩに移籍した際に原盤権の話が出て、タツさんが経営する大洋音楽で原盤権や音楽出版権を持つという話になったんです。タツさんに『ウチでいいんだな？』と聞かれて、『全部お任せします』と。それから僕がやる音楽の仕事は、映画音楽とかでも自動的に大洋音楽に全部預ける形で続けていました。だから、レコードを作りたいと思うと、タツさんが原盤権を持っていたので、アドバンスをもらえますか？と尋ねると『いくら必要なんだ？』と。『早く必要だったら、明日でも用意しておくから取りに来い』ということもありました。いま考えると、お金の出しどころっていうのを知っていらしたのだと思います」

後日、立川は、達司は可能性のある人間には昔から賭けていたと、キョードー東京の内野二朗に聞き非常にうれしかったという。

「ビーチ・ボーイズの事務所の誰か、何かの取材でロサンゼルスに行ったときも、タツさんが会いに行く人に紹介状のような手紙を書いてくれて。みんなには、取材するのは結構大変だよって言われたのですが、タツさんの手紙を見せたら、相手の態度がいっぺんに変わり『ユーはタツの何だ？』と。だから交渉とか、取材とかお願いしてもすんなり話がまとまって。そして、帰りに相手が『タツは元気か？タツによろしく』って伝言を頼むのです。本当に、当時『ビッグ・タツ』って言われていただけのことはありました。

タツさんは寡黙な人でした。大阪万博のときもそうです。表舞台には渡邊美佐さんが出て来るのですが、実際裏方で海外のアーティストのプロデュースをしていたのはタツさん。美佐さんは、アーティストと写真一緒に写っているけど、タツさんは意識して写らない。そういう意味では、プロフェッショナルですごい人だったと思います。タツさん、美佐さん、石坂さんには、いろいろなことをやらせてもらいました。エンターテインメントは表裏一体ですが、主役ではなく、タツさんは、アナザーサイド（舞台裏）の大スター、カリスマでした。世田谷美術館で、タツさんの長男のトムさん（永島智之）と仕事（マイケル・ジョーンズ MUSIC MEETS ART 87年3月21日・22日）をしたとき、カーディガン姿で、ひとりでふらっと来られて『ミック、お前がトムとふたりで仕事をするのを見ているとなんかうれしいよ』と。美術館の景色とその台詞と立ち姿は、まるで映画のワンシーンのようでした。とても格好よかった」

ミュージック・パブリッシャー

達司は、戦前から日本の音楽業界を知り尽くした石坂範一郎からさまざまなことを教わった。石坂邦子の話では、「音楽に関わる著作権ビジネスもそのひとつだった」という。どこまで話をしていたかはわからないが、石坂範一郎もまた音楽著作権ビジネスに注目していたのは確かである。いずれにしても、このビジネスは、プロモーターとして「招く」「開催する」というだけでない方向性を達司に指し示すものだった。

達司が、音楽著作権ビジネスに関わる音楽出版社「大洋音楽」を設立したのは1962年6月20日のことだった。名前の由来は達司が初めてアメリカに家族で行った「大洋丸」であるといわれている。大洋音楽の資本金の100万円は永島、渡邊美佐、マイク・スチュワートの3人が1／3ずつ出資。渡邊は達司とともに同社の取締役も務めていた。

朝妻によると、達司が音楽出版社の存在を初めて知ったのは、マイク・スチュワートがフォア・ラッズを連れて61年に来日して、「タツ、JASRAC（ジャスラック＝日本音楽著作権協会）っていうのは、どこにあるんだ？」と聞いたときだという。それをきっかけに達司は音楽出版社の仕事の内容とその魅力をマイクに説明され、大洋音楽をつくった。

そのころ、日本でいくらアメリカのミュージシャンの楽曲が、テレビやラジオ、さらに、ショウなどで使われても、著作権の管理代行をするアメリカの関連企業に著作権使用料がまったく支払われていなかったのである。それがどういうことなのか、JASRACに問い合わせるためだった。達司は、マイク・スチュワートをJASRACにまで案内した。そして、「君も、ミュージック・パブリッシャーをやれ」と言われたのだ。

当時、日本で音楽に関わる著作権を扱う音楽出版社は少なかった。日本ではじめて公式に音楽出版として登録されたのは水星社で、達司が著作権ビジネスに触れる3年前の58年。しかも、オリジナル音楽作品（楽曲）に関わる権利関係の管理ではなく、あくまでも出版物、つまり、楽譜に関するものが主だった。大洋音楽のように著作権業務に関わるミュージック・パブリッシャーを音楽出版と呼ぶのは、この事業が楽譜出版からはじまったからという。

「マイク・スチュワートはアメリカの業界でも力があり『ともかく日本地域はタツに預ければ大丈夫』と言って助けてくれたこともあって、ニューヨークの1650ブロードウェイにオフィスを構えるほとんどの出版社が永島さんに、サブ・パブリッシャーの権利を渡してくれました。だから、アルドン・ミュージックなどのよいカタログをいっぱい取ることができたのです。でもこのときあまりにたくさんの契約書にサインをしたので、右手が腱鞘炎みたいになった、と永島さんが言われていたのを覚えています。後にマイク・スチュワートが、ユナイテッド・アーティスツの社長になり、ユナイテッド・アーティスツ・ジャパンを永島さんに任せています。本当に人間として尊敬されていたのですね」と朝妻は話す。

ただし、はじまったばかりの音楽出版ビジネスは試行錯誤の連続だったと、元大洋音楽管理部門担当の本田規から当時の音楽出版の様子が窺える。

「私は1968年入社ですが、そのときの直属上司は永島さんだけでした。その永島さんもJASRACに提出する作品届の出し方もわかりません。しかも、その作品数は半端な数ではありません。一曲ごとに登録用のカードをつくるのですが、タイピストだけでは間に合わず、私も手書きで手伝いました。私の後に入社してくる方もいましたが、おそらく永島さんが関連会社から頼まれて受け入れたのでしょう。年上ばかりで、私のアシストをしてくれるわけでもありません。そういえば、オフィスには、永島さんのお兄さんの英雄さんもいました。オルガンでよく『軍艦マーチ』を弾いていました。そのような状態でいつまでたっても一番年下でしたから、朝のお茶くみからトイレ掃除まで雑用はなんでもやりました。それくらい、大洋音楽は規模が小さかったですし、世の中まだ音楽出版ビジネスの知名度が低かったのでしょうね。

大洋音楽は、これからは著作権が重要な時代になる、と言われて創立したようですが、永島さんも、本当にやる気があるのかどうか、はじめのうちはわかりませんでした。だから、とにかくいろんな情報をもらうしかなく、知っていそうな人の所に行っては『これ教えてください』と恥を忍んで頼みこみました。そうしないと仕事が動かせなかったんです。実印の管理もアバウト。信用するというか、こんなに信頼されていると、悪だくみに使おうなんて考えもしませんでした。

ＪＡＳＲＡＣとの交渉も私がやりましたが、上司を寄こせと言われることもありました。でも、上司はいません。私の上はいきなり社長。永島さんです。そのことを相談したら、英雄さんが『それならいっそのこと、肩書をつけてしまえ』と言われて付けられたのが『印税課長』という肩書でした。それだけで向こうの対応が変わってきました。言ってみれば、背伸びしながらずっとやっていました。社長のサインが必要な文書を書いたときには永島さんに目を通してもらわなくてはならなくて、私の文章が幼くて、クスっと笑われたことは何回もありました。

後に、こうした試行錯誤を経て、印税計算業務等の機械化をはかり少数での管理を実現しました。管理部門を独立した代行専門会社の先駆けとして、分社化にいたりました（株式会社ミュージック・コピーライト・センター）」

ＪＡＳＲＡＣに嫌われる？

本田が続ける。

「ＪＡＳＲＡＣに嫌われることもしました。例えば、依嘱作品というのがあります。その委嘱作品の届を出すと、著作権料を払わなくてもいいのです。コマーシャルで使う場合ですが、スポンサーはすでにギャラを支払っているので使用料は取らないでほしいでしょう。そのときに委嘱届を出します。スポンサーはそれで使用料を払わなくてもすむのだけど、出版社には一銭も入ってこない。代行者なので代行はするけども、利益にはならない。でもスポンサーの意向であればやらなくてはいけない。もしもできなければ、あとあと響くから。例えば一番わかりやすいのは、ポール・モーリアの例。かつてポール・モーリアはクリープのＣＭに出演してそこでピアノを弾いていました。このＣＭで使っている楽曲を依嘱作品にしてほしいと、ＣＭをつくったキョードー東京側から依頼されました。でも、団体メンバー外のポール・モーリアが所属していたところは、当時、依嘱を認めていませんでした。それでも、どうしても委嘱作品にしなくてはいけないので、そのＣＭで流している曲は、ポール・モーリアの奥さんが作ったことにして、ポール側の了承を得たうえでＪＡＳＲＡＣには登録しました。そのうえで、委嘱作品にしたのです。それは合法的ですから、ＪＡＳＲＡＣも認めざるを得ません。結果を出すためには、このようなＪＡＳＲＡＣに嫌われるようなこともせざるを得なかった。普通に登録すれば何千万円と入る案件ではあるのだけども、委嘱作品なので管理している我々には一銭も入りません。永島さんは、そのようなうちの利益にならないことで、へんな言い方をすれば大洋音楽がいちばんの被害者的な立場にあるにもかかわらず『なんとかしてやれ』と言うのが常でした。これこそ管理仕事の矛盾の極みかもしれません」

本田は、無茶なことを言われたりもしたが、この厳しい状況から逃れようとは思わなかった。あるとき、羽田空港まで達司を迎えに行った。ある話題から「私は、社長の所に骨を埋めるつもりで来ましたから」と、ついこのようなことを口にしてしまったのだという。そのときの言葉を、本田は忘れられないという。「永島さんは、フッといつもの照れ笑いを浮かべてこう言ったのです。『それはありがたいけど、ただ埋めるだけになっちゃうかもよ』と。あの冗談を言わない人が、そういう感じで返された。私としては、そのときにそう言うのもすごく勇気がいりましたが、いま振り返ると、やっぱりそうなってしまった、みたいに思います。

隣に春木ビルができたときに、山﨑直樹さんのアップフロントも同じビルでした。山﨑さんは、永島さんのために特別に部屋をつくってくれて、いろいろ面倒を見てくれました。私自身、感謝以外の何ものでもありません。永島さんは、『ナオキ、ナオキ』と子供のように、可愛くてしょうがないと、もう焼きもちを焼くぐらい、よく直樹さんの話がでていました。NHKのビートルズ50周年特集で、その部屋が映されていました」

サブ・パブリッシャーで世界に

大洋音楽で、のちに達司のブレーンとなる、吉成伸幸はこう語る。

「私は1976年暮れに大洋音楽に入社しました。当時東芝EMIの洋楽部にいた石坂敬一氏の紹介で飯倉の事務所に行き、永島さんに会うと、ほとんどその場で決まりました。永島さんとはそれ以前に、ミュージックライフ誌の編集部員として来日アーティストの取材時にホテルのロビーで挨拶を交わすなど、面識はありましたが、会話するほどではありませんでした。

大洋音楽は主に海外の音楽出版社との契約によってサブ・パブリッシャーとして日本地域の権利代行を任されており、獲得したカタログ（楽曲）という〝財産〟を活用することがビジネスの根幹でした。録音物（レコードなど）、印刷物（楽譜）、演奏、といった楽曲の使用形態によって、一定の印税として売り上げになるわけですが、具体的にはレコード・セールスが（少なくとも当時は）最も大きな収入源でした。そんな訳で、日常的な仕事といえば、レコード会社との連絡、関連するアーティストの発売状況の調査、そして雑誌やラジオなどの媒体に対する売り込み、といったことでした。こうしたプロモーション活動はTVコマーシャルやTVドラマでの楽曲使用などにも結び付き、さらにはコマーシャル制作会社の音源制作にも関わることになります。こうしたことと前後して、日本人アーティストの海外録音コーディネート業務も手掛けました。海外からのカタログを吟味し、日本人アーティストに合った楽曲を提供することで〝カバー・レコーディング〟を獲得することも大切な業務で、同時に海外アーティストの未発表曲を聴くチャンスも音楽出版社の特権のひとつで、仕事といえども楽しみになっていたほどです。もともと好きだったアイランド・レコードをはじめさまざまなアーティストのカタログがあったことも私にとって幸運でした。

また、大洋音楽がオリジナル・パブリッシャーとして楽曲を獲得しようと、私が初めて契約したのがプリズムというバンドでした。同時期に元四人囃子の森園君のソロ・プロジェクトも手掛けたのですが、レコーディングやツアーに割かれる時間もすべて永島社長は自由にさせてくれました。

一方で、既存のカタログとは別に、新たな契約を探して海外の情報をつかむうちに、新人アーティストをアルバム単位で契約するような話も出てくるのですが、永島さんの会社ということで先方から得られる信頼は絶大なものがありました。多くの場合、アーティスト（シンガー・ソングライター）は弁護士との交渉になるのですが、アメリカ、ヨーロッパを問わず、永島さんの名前は広く浸透していました。中でも忘れられないのがプリンスの例です。音楽業界の見本市ＭＩＤＥＭ（ミデム、フランス・カンヌ）で、私が弁護士のリー・フィリップスとのミーティングに出たときのことです。デビュー前のプリンスを聞き、すごく面白いと思いましたが、条件を決められず、国際電話で永島さんに連絡したら、かまわないからＯＫしよう、と。日本に帰ると、プリンスのアルバムは発売予定もなく、ようやく発売されてからも当初のアドバンス金額をリクープ（回収）するのに3年かかりました。それで、契約延長となり最終的にはプリンスは爆発的な人気になりました。これは永島さんとリー・フィリップスとの間の信頼関係があってこその話だったのです。

ＭＩＤＥＭでは、世界中の音楽業界の名士たちが集まる中、あちこちから『ターツ！ターツ！』と呼ぶ声が聞こえ、永島さんはそんな彼らに我々を紹介し接点をつくってくれました。こうしたことを繰り返すうちに、永島さんがいないときにもさまざまな契約が可能になったのです。

ロサンゼルスに同行した際、弁護士とのミーティングの席上、永島さんに意見を求められ、持ち合わせた音楽の知識が役に立ち、永島さんも私を多少は評価してくれたような気がしました。

大洋音楽がいくつかの転機を迎える中で、私は永島さんの意向で大洋音楽と同時にヤングジャパン・グループのミーティングにも参加しました。そんな中からサンダー音楽の原盤制作企画（キーン、ブロック・ウォルシュ、グレッグ・マシスン）などが生まれたのです。また、ボブ・エズリンやフェリックス・パパラルディといったプロデューサーをバウワウやクリエイションなどと組み合わせる企画も細川氏や石坂氏の依頼で永島さんが実現させて、私は現場の担当となりました。その後、ポリスターは洋楽も始めることになり、社屋移転を機に、そちらに専念することになります。取締役洋楽部長として既存の海外レーベルを扱う一方で、永島さんがライセンス契約以上に洋楽カタログを充実させる必要性を強調して、その結果私が海外アーティストとの直接交渉を許され、海外との原盤制作をスタートしたのです。

その後、松下電器がＭＣＡとの合弁会社を設立することになり、永島さんがここでも奔走するわけですが、責任者としてこの新会社を引き受ける人物がいなかったために困り果てていたことを打ち明けられ、私に話が回ってきました。永島さんの頼みを断れるはずもなく、私は引き受けることにしたのです。MCAパナソニックというこの会社はMCAミュージックのカタログを中心とした音楽出版社で、設立前後の打ち合わせにはMCA側の代理としてのマイク・スチュワートと共に永島さんと私が松下電器本社に出向きました。役員会は英語で行なわれるために責任者となった私は永島さんと一緒に国際弁護士の指導を受けながら、議事録を作成するなど、まったく未経験の業務につきました。その間、永島さんは申し訳なさそうな表情をすることもしばしばでした。私はその当時世田谷に住んでいたのですが、時々仕事帰りに永島さんが運転する車で送ってもらうこともありました。『どうせ同じ方向だからね』と言いながらも、なかなか弱音を吐かない私から、本音を聞きたかったのだろうと思います。

MCAパナソニックの存続に疑問が大きくなるまま、不安な状況が続いていたのですが、その時期に当時ポリグラムの代表になっていた石坂氏から誘いを受け、私はマーキュリー・レーベルに移ります。面と向かって尋ねたこともないまま、今となってはなおさら事実はわかりませんが、おそらく水面下で永島さんと石坂氏が手はずを整えていたのでしょう。責任者としてきちんとした実績も示せないまま、MCAパナソニックを解散することになり、私はマーキュリー、ポリグラム、ユニバーサルという外資系レコード会社の流れに組み込まれていくことになりました。98年の年末、永島さんが体調を崩して入院するという予期せぬ出来事があり、大きな意味で自分と関わりのある世界がすっかり様変わりしてしまうことの予兆があったことは否めません。

永島さんにまつわるエピソードは尽きませんが、あえて語らずにおきたいこともあります。私も多くを学ばせてもらい、いかに自分の人生に大きな意味を持っているかをいつも感じています」

ビッグ・タツの思い出

弁護士リー・フィリップスが、達司について語っている。

「タツは私が出会った人のなかで、心から素晴らしいと思う人物のひとりです。以前扱っていたプリンスの版権のすべてをタツに渡しました。彼だからこそ譲ったのです。かなり昔のことなので記憶が曖昧ですが、タツと会ったのは1975年ごろだったと思います。当時、私はジョニ・ミッチェルかジャクソン・ブラウンの版権を持っていたので、タツと会ったのだと思います。彼の設立した洋楽専門の著作権管理会社、大洋音楽は最大の取引先でした。

タツの英語は、私よりうまかったので通訳なしで自由に意思の疎通ができました。タツはニューヨーカーのようなしゃべり方だったので『本当に日本人か』と尋ねると、父親の仕事の関係でニューヨーク育ちだと教えてくれました。子どものころから英語の教育を受けていたので、外国人と交渉をする仕事ができたのでしょうね。彼は戦争の混乱の前に日本に帰ったことも教えてくれました。

1980年代の初めに、タツが私を日本コロムビアの社長に紹介してくれることになり、あるホテルで待ち合わせたときのことです。社長は英語を話さないので、タツが、私の後ろの席に控えていました。私の英語をタツが日本語に通訳してくれたときに、私はびっくりして振り向き『君は日本語が話せるんだ！』と言うと、タッは『もちろん決まっているじゃない』と答え、大笑いになりました。

タツはアメリカをたびたび訪れています。ユニバーサルと松下電器産業（現・パナソニック）の仕事でアドバイザーをしていたことがあり、その件でもやって来ました。謙虚な人なのに大きな仕事にかけるのは躊躇しません。無報酬で松下を手伝っていたことは、彼の性格をよく表していると思います。彼は有能なビジネスマンなのに華美な暮らしをしたこともなく、つつましい人でした。“Tail O' the Pup”という庶民的なホットドッグの店が気に入っていたようです。

87年、私たちは新婚旅行で日本に行きました。タツと何度も夕食を共にしましたが、テーブルに着く前にタツは支払いを済ませてしまうのです。ある日やっと先を越すことができたのですが、タツが支払いに行くと私のカードが既にあるのを見て、彼は『あなたたちはゲストなのだから、払ってはいけないんだ』と言うのです。これはタツの独特の流儀でしたね。京都を訪れたときにタツがアレンジしてくれたのは旅館でした。ところが夜中の11時ごろに彼から電話です。『寝室用のスリッパは浴槽で履いてはいけない』『お風呂に入るときに浴槽内で石けんを使ってはいけない』と。私たちはタツ独特のセンスに大笑いしたものです。私たちはお互いを敬愛していました。私の妻がのちにホリプロの事業に参加したのもタツへの感謝の印からです。

ヘンリー・ミラーはロサンゼルスに住んでいますが、タツの親しい友人です。90年代の初めのころタツと食事をしているときに、ヘンリーの好物のミセスフィールズのレモンケーキを、クリスマスプレゼントとして彼に送ってほしい、と私の妻に頼み100ドル渡しました。半年後にタツから電話があり、ヘンリーから2カ月ごとにレモンケーキが届いたという連絡があったと話してくれました。妻は100ドルで2カ月おきに、数回送ることができたので、そうしたと言っていました。

日本のオフィスではタツは寡黙だった、と聞いたことがあります。しかし私が覚えているタツはまったく違った印象です。彼と私はビジネスの仲間というより親しい友人同士でした」

キャサリン・ミラー（ヘンリー・ミラーの娘）の思い出

タツと私の父のヘンリーはとても親しかったです。父がGAC（ジェネラル・アーティスツ・コーポレーション）に勤めていたときだったと思います。初めてタツと会ったのは、私がまだ若いころで、よくオフィスにいらして一緒に食事に行った記憶があります。父はGACを引退した後に、自分で会社を設立し、コンサートプロモーターの代表として活動していました。タツもたびたび、オフィスに来ていました。部下の水上さんも一緒のときに、たまたまサイモン&ガーファンクルのマネージャーが別の打ち合わせで来ていました。すると驚いたことにその場で、日本ツアーの公演が決まったこともあったようです。

タツがオフィスから出かけるときは、R&Bのアッシャーや音楽プロデューサー、クインシー・ジョーンズといったアーティストの事務所まで私が車で送ったこともありました。

彼は父のビジネスパートナーとしてだけではなく、私たち家族にとっても親しい友人でした。

アイランド・ミュージックと達司

ライオネル・コンウェイは、音楽出版社アイランド・ミュージックの責任者で、後にマドンナのマーヴェリック・ミュージックをはじめとして、さまざまな業績を示し音楽業界に多大なる影響力を持つ人物である。

「タツと最初に会ったのは確か、1969年か70年のロンドン。当時、私はアイランド・レコードを経営しており、キャット・スティーヴンスなど多数のアーティストが在籍していました。当初タツは、アイランド・レコードの日本総代理店になることができないか、と交渉に来ていたのです。話をしていくうちに、すっかり彼の魅力に惹かれてしまいました。西洋の音楽を熟知し何がヒットしているかを知っていて、とても流行に敏感な人。契約は成立し3年間、一緒に仕事をすることになったのです。親しくなり東京へ招かれたのですが、そのときに彼が日本の音楽業界で、非常に重要な人物であることがよくわかりました。例えば、東京のあるクラブにタツと一緒に行ったときでした。とても繁盛していたクラブでしたが、JASRAC（日本音楽著作権協会）に対してまったく著作権使用料を払っていなくて、私たちは困っていました。そこでタツがひと肌脱いだのです。そのクラブの人たちは、タツに対して王様をもてなすような態度でテーブルを用意し、どのような用件でしょうかと尋ねました。彼が『このクラブで音楽を流したいのであれば、JASRACにちゃんとお金を払わないといけないよ』と言うと、クラブの人たちは『もちろん払います』とふたつ返事で答えていました。最初から彼に頼めば、すぐに問題も解決したのにと思いましたね。日本で過ごした間、私や先妻のタニアに対してタツはとても寛大で優しかった。あるとき、彼女がどこかでカメラを見つけ、『素晴らしいカメラね』と感動していたら、彼は私たちが帰国するときにお土産だと言って、彼女が見たのと同じカメラをプレゼントしてくれました。また、会社の資金が足りずにロイヤリティーの支払いに困っていたとき、CB（クリス・ブラックウェル）に何とかならないかと相談され、タツに電話をして『また前借りできないか』とお願いしたことがあったんです。タツが『いつ必要なんだ』と尋ねるので明日までと答えたら、理由は何も聞かず翌日には送金してくれました。彼は私を信頼し、困ったときにはいつも助けてくれました。とにかく、日本といえば『タツ！』。タツ以外の人と仕事はしたくなかった、というのが本音でしたね」

ワン・ラブクリス

アイランド・レコード創設者、クリス・ブラックウェルもまた、達司と交流を深めた人物だ。

「私はレゲエ・ミュージックのボブ・マーリーや1960年代のスペンサー・デイビス・グループ、フリーからU2に至るまでのさまざまなブリティッシュ・ロックに携わっていました。タツとも当然、仕事を通じて知り合ったのですが、彼は完璧なる英国紳士そのものでした。もちろん彼は日本人ですが、スタイルが良く、あらゆる面で英国人的な資質を備えていましたね。彼と仕事ができたのはとても光栄なことでした。彼は私にとって真の友人であり、私が苦境に立たされた時には幾度となく助けてくれたんです」

ワン・アンド・オンリー

元・文化放送のディレクターで、現在ラジオ番組制作会社グリーン・ドルフィン代表取締役社長江川雄一に、達司との思い出を語ってもらった。

「永島さんから仕事の面だけではなく、精神的な面でも存在そのものに大きな影響を受けました。私が仕事で困っていると永島さんは相談に乗ってくださり頼れる存在でした。永島さんとは72年ごろから80年代半ばくらいまで仕事をご一緒しました。怒ったり、権威主義的な姿は見たことがありません。それでも圧倒的な仕事の実績を持っている方が纏(まと)う、独特の迫力があり、それが一番印象的でした。見た目も格好よくて、ジェントルマンで完全なキングス・イングリッシュを操る、こういう大人になりたい、と憧れました。

永島さんが社長を務めていた大洋音楽にもお邪魔して、音楽出版に関する契約の話や契約書の作り方など、適切な助言をしていただきました。80年前後の話ですが、永島さんの紹介でアメリカの超一流の人気ラジオDJウルフマン・ジャックや、チャーリー・ツナに（文化放送のラジオ番組内で）日本の楽曲を紹介してもらいました。アメリカではなく、日本のラジオで彼らの声で流す、という、まだ誰も手掛けていない画期的な仕事でした。その一連の流れで、アメリカ側のパイプを使って、現地で制作したジングル（番組の節目に挿入される短い音楽）を日本で最初に流すことができたのも永島さんのおかげですね。

私は74年から90年くらいまで、世界最大規模の国際音楽産業見本市のミデムが開かれるフランスに毎年行っていました。そこでも永島さんは注目の的で、立ち居振る舞いは堂々として外国人にまったく引けを取らず、ワン・アンド・オンリーの方でした。

やはり一番ショックを受けたのは、ポール・マッカートニー率いるウイングスの日本公演ツアー（80年1月21日〜）が中止になったことですね。1月16日、リンダと子どもたちを連れて来日したポールが、大麻所持で逮捕されました。結局、ポールは拘留期間の9日間を終え、1月25日に強制送還されましたが、世界中のメディアが報道する大事件になりました。

永島さんがそのときに、『リンダが自分の荷物の中に間違えて入れてきちゃったみたい』と話されていたのが印象的でした。もちろんそれが真相かどうかは、定かではありませんが。

実は、ウイングスの公演情報が流れてきたときに永島さんにご相談して、文化放送は日本武道館公演を全国放送するラジオ放送権をポール側から得ていました。結果的にポールが日本に入国できなくなり、私には今でも忘れられない衝撃的な出来事でありました」

ゴルダーズ・グリーンの縁

元ポリスター・レコードに勤めていた柴田英里は、当時を振り返りこのように語ってくれた。

「U2はアイランド・レコードに在籍していて、U2の担当だった私はクリス・ブラックウェル社長とタッさん、U2のメンバーと日本やロンドンで会食しました。タッさんとの出会いは1960年代半ば。以前、ロンドンに駐在していた三菱商事の叔父の家で夏休みを過ごしたのですが、ひょんなことからタッさんが子供のころ住んでいた家だとわかって、ものすごく親しくなりました。仕事というよりイギリスのゴルダーズ・グリーン繋がりでした。ワーナーができたときに、タッさんから『英語ができるんだから入れば』と言われて、大学を出てすぐに入社しました。

1年余りでイギリスのキニーグループに自ら移動し、そしてアイランド・レコードに移って70年代のロンドンをとことん味わいました。75年に帰国し、CBSソニーの国際部にいて、その後、永島さんの紹介で入社試験を受けて、ポリスターに入りました。

故人となったFREEのベーシスト、アンディ・フレイザーは、私の初めの夫でしたがそこにもタッさんが関わっています。アンディは2015年に亡くなりましたが、その数年前にアンディに再会し、一緒にタッさんのお墓参りに行きました」

※ポリスターは、細川健のヤングジャパンとキョードー東京との合同会社で、まず78年にハンズ（現・ハンズ・オン）ができた。その後に、オランダのポリグラムとハンズの共同出資によって80年にポリスター・レコードを設立した。社長は、ポリグラムのブリアス・バッハ。会長の永島には、世界的な戦略をコーディネートしてもらうのと同時に、彼のネットワークでのアーティストのピックアップを依頼した。

タツとダイアナ・ロスと私

元アイランド・レコードインターナショナル責任者、フィル・クーパーは語る。

「私はロンドン本社から、世界各地の契約先との窓口としてさまざまな業務を行なってきました。なかでも日本は特別に馴染みが深い国でした。タツは音楽ビジネスにおける最高の男であり、驚くべき幅広い人脈を持っていました。彼の力が及ばないところはなかったですね。

私は何度も日本を訪れていますが、タツはその都度、忘れがたい旅を演出してくれました。路地裏のレストランや観光客が出入りしないような場所に連れて行ってくれ、旅の終わりには空港まで送ってくれました。タツが奥さんを連れてイギリスにやって来たとき、私は週末の運転手を務めて、コッツウォルズのライゴン・アームズを訪れました。1532年から存在するオリバー・クロムウェルやチャールズ1世が利用した宿です。ロンドンへの帰路でクリス・ブラックウェルの家に寄り、伝統的な英国式ブランチを食べました。

いまでも私が忘れられないのは、タツと私が夕食に出かけようとしていたら、ダイアナ・ロスからタツに電話がかかってきたのです。彼女はその日しか空いてないので、夕食を一緒にしたいということでした。残念ながら私との予定はキャンセルです。しかし彼はダイアナにもうひとり（私のこと）連れて行くよ、と伝えてくれたのです。素晴らしい思い出です！　彼がいなくなってしまったのはとても寂しいことです」

サンダー音楽

元副社長の新田美昭は、達司をこう語る。

「ヤングジャパン所属のアーティスト、バンバンの1975年のヒット曲『いちご白書をもう一度』を荒井由実が作詞作曲し、当時彼女の担当をしていた私は、その後ヤングジャパンの音楽出版社の設立に関わったことが縁で、79年設立したばかりのサンダー音楽の副社長に就任しました。

サンダー音楽は、ヤングジャパン所属のアリス、海援隊、岸田智史、佐野元春、白井貴子、渡辺美里などの多くのアーティストの音楽原盤、音楽出版の版権を開発・管理・運営する会社でした。

私にヤングジャパン社長の細川健とサンダー音楽社長の小野寺明夫の両氏が、真っ先に紹介してくれたのが両社の会長であった永島さんでした。音楽業界の重鎮に緊張とともに初めてお会いしたのですが、実績を誇示するでもなく、もの静かで、優しいジェントルマン。私は永島さんの身だしなみだけでなく心根のダンディさにも惚れ、一発で永島さんのファンになってしまいました。

表参道のミヤヒロビルの9階（管理部門）、10階（社長室・営業部門）が大洋音楽、8階がサンダー音楽で、洋楽のビジネスの世界を目の当たりに体験できたのは、貴重な経験でした。

サンダー音楽には数多くのアーティストたちが出入りしており、一年中誰かがレコーディングしていました。新しい洋楽の作家の曲も聞きたいとか、カバーできる曲がないかとかの要望もあり、10階の吉成さん、水上さんに相談したりしていました。

そんな環境の中、グローバルな発想が生まれてくるのは必然で、同じ額の原盤制作費をかけるなら、世界マーケットを狙える海外アーティストの原盤ビジネスをしたいという企画が生まれました。永島さんにこの話をしたとき、『発想はわかる。アーティストを発掘するのも大変だけど、原盤契約も一筋縄ではいかないよ。いかがなものかな?』と、その実現はハードルが高いことを示唆されましたが、結局力を貸してくださり、ロンドン、ニューヨーク、ロサンゼルスと契約にも立ち会ってくださいました。今思うと若気の至りの発想に耳を傾けてくれ、その無謀さを諭しながらも若者を育てようという優しさと、人としての大きさに改めて感謝をしています。

また、『日本のアーティストを世界に出したい』と、永島さんに海外活動のきっかけをつくっていただいたのが、ハードロックバンドのBOWWOWです。1982年スイスの音楽フェス『モントルー・ジャズ・フェスティバル』に日本代表として出演。同年イギリスの『レディング・フェスティバル』出演の機会をつくっていただきました。このきっかけから、その後新メンバーの加入でVOWWOWになったバンドがイギリスでミュージシャンズ・ユニオンに正式加入し、全英でコンサートツアーを6カ月にわたって行なうまでに成長していきました。

ヤングジャパン幹部のグループミーティングに永島さんも出席いただいておりました。曲もビジュアルも海外向けで、音楽専門誌『ビルボード』に広告を出し世界にアピールしたらどうかと会議が盛り上がっていたとき、『それは効果があるかな。それで問い合わせが来るとは思わないけど』と言ってから、もう一度どういうことがしたいのか意図を聞き、決して『こうすべき』と断定はしませんでした。皆の意見をうまく調整し、まとめる役割を自然と担ってくださいました」

リベラルな大人

株式会社フォーライフミュージックエンタテイメント代表取締役社長で、日本音楽産業・文化振興財団理事長の後藤豊は、その後の仕事の鍵となる話を二度にわたり、達司に相談したことがある。

「永島さんは芸能界というより音楽の匂いがする方で、洋楽を日本に知らしめた第一人者だと思います。僕が井上陽水、泉谷しげる、小室等、吉田拓郎とフォーライフレコードを設立したのは1975年です。翌年に、泉谷しげるのライブをロサンゼルスのウエスト・ハリウッドにある、当時アメリカ西海岸を代表するライブハウス『トルバドール』でやろうと計画しました。まったくツテがなく、あれこれ模索するなかで永島さんに、ご相談してみよう、と大洋音楽にお伺いしました。おかげさまで泉谷は、憧れの聖地で日本人として初のライブを実現できました」

＊トルバドールは、57年開業。64年にボブ・ディラン、その後レッド・ツェッペリン、エルトン・ジョンなども演奏したウエスト・コースト随一のライブハウス。76年7月『泉谷しげるライブ ホット・タイフーン・イースト』で、泉谷の早口の日本語と激しいギター演奏が話題になった。

「もうひとつご相談したのは、貸しレコードのときです。80年に三鷹市に貸しレコード店ができて、いわゆるレコードのレンタルビジネスという、新しい業態の音楽を扱う商売が始まりました。貸しレコード店が明確に存在したのは日本とドイツだけでしたが、ドイツはすぐ著作権の法律を施行して禁止になりました。当時、日本はニュービジネスという言葉が流行り、役所もそれを助けるような風潮が出始めた時代。徐々に既得権となりお店をつくられてしまいました。レコードアルバムが２５００円くらいでしたが、その10分の１程度の２００円ないし３００円の安い値段で貸すわけなので、私は、永島さんとも仲の良いレコード会社ポリスターの細川健と一緒に反対の急先鋒として、レンタル販売は禁止するべき、という運動を続けていました」

１９８１年にレコード会社13社が大手貸しレコード店４社を、複製権の侵害で東京地方裁判所にレコード貸与差し止め請求を提訴。しかし、一部の政治家の判断でビジネスとして存続することになり、84年６月には「貸与権」という新しい権利が成立。レコード製作者、実演家、著作権者に徴収分配されることに。そこで実演家に関する使用料を受け取る窓口として公益法人日本芸能実演家団体協議会が指定され、86年に音楽制作者連盟（当時は任意団体、89年社団法人化）と音楽事業者協会がそれぞれの加盟事務所を通じ実演家に支払うことになった。

「右も左もわからず著作権、著作隣接権の世界へ足を踏み込んだので、周囲からも波風をかなり受けていました。永島さんは非常に客観的で合理性を持つ方で、無私無欲で親身になってアドバイスをしてくださいました。僕たちも若かったので、良い意味でも悪い意味でも純粋でした。そのころの芸能界は、不透明な部分も多々ありました。個性あふれる方の中で、コミュニケーション力が強くて、唯一リベラルな大人というのが、永島さんに対する一番の印象です。

会社としても団体としてもターニングポイントになるような場面で助けていただき、大変感謝しています。とてもダンディでキャリアと権威があるのに、権力志向がない方でした。音楽業界とか芸能界とかいわれている世界に入った僕にとっては、大学（早稲田）の先輩としても音楽出版業界の先輩としても尊敬するに値する存在でした」

大洋音楽の変化

永島達司が創設した大洋音楽株式会社は現在、株式会社ホリプロの傘下にあり代表取締役社長はホリプロ創立者・堀威夫の長男で堀一貴が務める。

「アメリカの高校に留学する前に、父と永島さんの成城のご自宅にお伺いして留学願書の書き方など教えてもらいました。細かい翻訳は兄の英雄さんがしてくださったんです。76年、高校の夏休み、大洋音楽でアルバイトをしました。ちょうど東京音楽祭にポール・アンカがスペシャル・ゲストで来日する時期で、永島さんはお忙しそうでした」

堀は83年アメリカの大学を卒業。電通を経て、86年4月から大洋音楽に入社した。

若いころの堀にとって、大洋音楽や達司の下で働く日々はなかなか刺激的だったと語る。ポール・アンカなど有名アーティストから直接、達司宛にかかってきた電話に出たことも一度ではない。

「ある日、オフィスに誰もいないとき電話を受けると、『タツ居るか？』といきなり言われて、『いま不在です』と答えると、『私はレイ・チャールズです』と。もうびっくりして、思わず立ち上がってしまいました。永島さんはクインシー・ジョーンズとも仲が良かったですね。永島さんとロサンゼルスに出かけたとき、クインシーと朝ごはんをご一緒にしました。クインシーは、いまでも永島さんの長男のトムさんと仲がいいですよ」

大洋音楽では、水上と吉成と堀の3人で約200の契約先を分担し、さまざまな版権にまつわる業務を行なった。例えば、楽曲のプロモートや、契約先の楽曲使用の許可取り、連絡、事務や営業などなどだ。仕事相手はジョージ・ハリスン、ヴァン・ヘイレン、レッド・ツェッペリン、ドナ・サマー、オリビア・ニュートン＝ジョンなど実にたくさんのアーティストとなる。

堀は達司がロンドール・ミュージックのカタログの契約をしたときに、その場にも立ち会った。ロンドールはA&Mレコードの子会社で、その設立者ジェリー・モスと達司は長年にわたり懇意にしていた仲だった。しかしこのカタログは達司の手に渡る前までは、フジパシフィックミュージックが契約していた。ジェリーはサブ・パブリッシング契約をするに当たり、当時社長のチャック・ケイに永島に会うように指示をしていた。ところが永島は海外出張中で不在だったため、各音楽出版社を訪問したチャックは、フジパシフィックミュージックと契約した。

達司と契約してきたとばかり思っていたジェリーは、チャックがまったく違う会社と契約してきたので腰を抜かさんばかりに驚いた。数十年が経過し、フジパシフィックミュージックとの契約は終了。ジェリーと当時のロンドールの社長ランス・フリードが来日し、達司と交渉のテーブルに着いた。

ロンドールのカタログは、膨大な量で当時の大洋音楽で扱っていたカタログと比べると圧倒的に楽曲数も多く、カーペンターズからレゲエのボブ・マーリー、R&B系の楽曲と音楽のカテゴリーの幅も広かったという。

「交渉の最後にホテルオークラで永島さん、ランス、社内弁護士、私でランチをしていたら、ジェリーが来て、永島さんと『ようやく一緒に仕事ができるね』と握手をするのです。そこで弁護士が契約条件の書かれた小さい紙を私に渡しました。パッと見るとアドバンスが高額で、大丈夫かな？と思いました。でももう永島さんはジェリーと握手。会社に戻り経理部長に契約額が書かれた紙を渡すと、『こんな契約をしてどうするんですか』と言われて、私に怒らないでください」と、堀は答えたという。

無欲の人

「僕が永島さんに会ったのはアメリカの大学を卒業してからのことです」

そう語り出したのは元大洋音楽の水上喜由だ。

「永島さんは、語学はもちろんですが、物の考え方から見方、物腰までが全然違う。想像の範疇(はんちゅう)を超えるくらい素晴らしくて本当にすごい方でした。日本人にもこういう人がいるんだなあ。それが永島さんに初めて会ったときの印象でした。正直に言うとそのときは永島さんの会社が、どんなビジネスをしているのかわからなかったのです。だけど、永島さんの人柄に惚れて、この人の会社で働きたいと思いました。ありがたいことにすごく可愛がってもらってすべてのことを教えてもらいました」

初めての出会いから約23年、水上は達司の下で仕事をすることとなる。達司を表すのなら「無欲の人」と水上は言う。もし達司に「欲」があれば、青山通り沿いに7、8軒ぐらいのビルは所有していただろうと、冗談めかしながら言う。一切の見返りを求めず、相手に喜んでもらいたい一心で仕事に向かっている達司に対し「あんなだからお金が出ていくばかりなんだ」と口さがない人も少なくなかった。しかし、それは達司が本来持って生まれた気質であり、海外の海千山千の強者たちが無欲な「タツナガシマ」に、信頼を寄せた理由でもあったであろうと水上は思う。

「永島さんは基本的にビジネスにおいて、『世襲』という感覚のない人間でした。適材適所をいつも考えており、私情は一切挟みませんでした。自分の会社は子どもに継がせたい、と考える経営者は多いでしょう。でも永島さんにはそういう思考はおそらくなかったでしょう。だからなのか、永島さんはこの業界にありがちな、自分の名前を会社名にすることはしませんでした」

物腰も柔らかく怖いわけではないが、座っているだけで圧倒的な存在感がある唯一無二の人だった。水上はどうすればこういう人になれるのか、と考えることもあったそうだ。

「永島さんを超える人には、いまだに出会ったことがないですね。だから誰と会っても全然緊張しません。心の中で『永島さんの方がずっと上だった』と思ってしまうんです。そういえば、ポール・マッカートニーが、『永島さんというフィルターを通して日本を知ることができた』とよく言っていました。あまりにそのフィルターが素晴らしかったので、『日本という国も、ものすごく素晴らしい国に見えた』と。ポールだけじゃないんですよ。ピーター・ポール＆マリーや日本好きというアーティストたちは皆、永島さんを通して日本や日本の文化、日本人を見ていたと話していました」

水上にとって仕事以外に忘れられない思い出は多い。達司が所有している蓼科の別荘に行ったときのことだ。達司は日ごろから社員たちに、いつでも別荘を使用してもいいと言っていたようだ。

「別荘を借りることをお願いして快諾してもらい、鍵を貸してもらおうと思っていたら、『いやいや僕も一緒に行ってあげる』と言ってくださるのです。僕たちは申し訳ないなと思ったんですよ。別荘には寝室が3室ありました。僕たち全員を寝室で寝かせてくれたのですが、永島さんだけ寝る部屋がなかったのです。『僕はリビングでいいよ』と、結局永島さんがリビングルームで寝ることになりました。翌朝起きたら、永島さんが僕たちの朝ご飯を作ってくれていて、もうそれは恐縮しました。そうかと思うとトランプの手品を見せてくれたり、いろいろな面白い話を夜通ししてくれたり。尊敬以外の何ものでもない、非の打ちどころがまったくない方なのです。酔うと会社の上司の悪口を社員同士で言うといった文化は、大洋音楽には少しのかけらもありませんでした」

達司と一緒に行った、最初で最後となったロサンゼルス出張のことも、水上は忘れられない。達司は息子ふたりのクリスマスプレゼント用のジャケットを探しに、水上を伴ってビバリーヒルズへ出向いた。そのとき「おまえも好きなジャケットを選べ」と、水上にもクリスマスプレゼントでジャケットを買ってくれたそうだ。「僕のことは仕事上での『息子』として思ってくれているんだなあ」と水上は感謝したという。

永島達司は、1999年5月2日、73歳で亡くなった。しばらくしてから、社員に達司が使っていたものの一部をプレゼントしたい、と妻の泰子が会社を訪れた。

「泰子さんがくださったのは革製の財布で、真ん中に使われている布の柄が全部違いました。僕たちに『これは何だと思う?』というのですが、わかりませんでした。そうしたら、『これは永島が持っていたネクタイを、全部きれいにしてそれを埋め込んだものです。皆さん、これ永島の一部だと思って使ってください』と。とても洒落た財布でしたが、いまだに箱に入ったまま大切に保存しています。とてもじゃないけど使えません」と水上は少し寂しそうにつぶやいた。

一方、元気な達司と最後に会ったのが、小倉禎子であった。キョードー東京の前身・協同企画エージェンシーに、嵐田三郎らとともに入社。63歳でキョードー東京を退職後、別のイベント会社にアドバイザーとして招かれた。

「ちょうど年末で会社が終わるころ、内野二朗さんと馴染みの外苑前の蕎麦屋で、早めの年越し蕎麦を食べていました。永島さんもいらしたので3人でお蕎麦を食べながら、ひとしきり世間話をしてお店を出ました。では『また来年』なんて、年末のご挨拶をして別れたときに、永島さんが『ウチ、さよなら』っておっしゃったんですよ。いつもは『じゃあな』って言う永島さんが、『さよなら』って言ったんです。内野さんが『あれ、たっちゃん、いま確か、さよならって言ったよな』って、私に尋ねたから、本当ね、不思議。珍しいこと言うわね、と言って別れたのです」

ところが翌日、達司は自宅で倒れてしまい、大動脈瘤で入院した。意識は最後まであり、妹の純代ともいろいろな話ができたそうだ。密葬は東京都世田谷区砧の耕雲寺でとり行なわれている。

役職を務めていた10社合同の社葬は6月18日雨の中、東京都港区の青山斎場で行なわれた。

「葬儀委員長が大洋音楽取締役の本田規さんで、かなり盛大な葬儀でした。最寄りの乃木坂駅から5列で一般参拝者が並んでいたのですが、葬儀が終わってもその列がまったく途絶えなかった。自分たちが聴きたかった音楽、見たかったアーティストを呼んでくれた永島さんに感謝の気持ちを、『ありがとう』とお礼を言いたかったのかもしれません。でも、日暮れになっても途絶えない列を、警察が出て整理して終わってしまいました」と、そのときの様子を複数の関係者は回想する。

長男が語る父、達司

世界の「ビッグ・タツ」。そう呼ばれる男を父に持った長男、智之はその父をどう見ていたのだろうか。永島智之は現在、協同プロモーションの代表取締役を務めている。

「父は目立つこと、人前に出ることが大嫌いでした。背が高く、黙っていても目立ってしまうので、そこのところを誤解している人が意外と多いようです。父が最初につくった会社は、協同企画です。

協同とは人と協力し合う協同のことで、名前からしても、すでに自分が、自分が、ではありません。最後に自分の城だった会社は大洋音楽、やはり『永島』とは関係ない名前です。自分の名前を会社名にする人が多い中、そういうことにはまったく興味がないようでした。

私は1977年ころからの10年間、ロードマネージャーとして来日した外国人アーティストの世話をする仕事をしていました。私が担当したアーティストの多くは、かつて60年代に来日して、父が世話をしたアーティスト、例えば、ピーター・ポール&マリー（PPM）の3人、セルジオ・メンデス、アンディ・ウィリアムスなどでした。来日した彼らを京都に案内すると一般の外国人が行くような観光名所ではなく私も知らない、京都の良さをもっと深いところで感じられるような場所をよく知っていました。アーティストのほうから、新門前通の『梶古美術』に行きたいと言われ、電話帳で調べて連れて行きました。するとお店の人が、そのアーティストに向かって、『あ、お久しぶり』と顔馴染みのようにもてなしてくれました。私は何も聞かされていませんでしたが、父がよく連れて行っていたようです。

父は西洋音楽や文化を日本に紹介したことが知られていますが、むしろ父の一番の功績は、西洋人に日本の伝統や文化を含む日本の素晴らしさを紹介したことだと思います」

60年代から活躍するアーティストの多くが、京都へ行くと「ツキセブン」と言うそうだ。智之は不思議に思い「ツキセブンって何？」と聞くと、京都の都ホテル（現・ウェスティン都ホテル京都）のある部屋のことだと言う。蹴上の都ホテル別館（現・数寄屋風別館）に「佳水園」という離れがある。そこの「月7」という部屋が、庭の眺めの一番良い部屋だと皆、知っており日本に来て京都へ行くのだったら「ツキセブン」がいいというわけだ。

「これも父が教えたことのひとつなんです。父が扱ったアーティストは甘やかされて、要求が多くなる、なんて言われたこともありました。でもなるべく居心地良く過ごしてもらうことで、良いコンサートをやってもらいたかったんですね。そして、相手の言い分を十分に聞く代わりに、こちらの主張も聞いてもらう。父は優秀な外交官のようでした。

父は世間ではお金に関係なく、依頼されたことは引き受けるという評判でした。私も小学生のころ漠然と、父のように慕われる人間になりたいと憧れる一方で、報酬もなく、いつもお金に困っているのは嫌だな、と思ったのを覚えています。当時、子ども心に今、家にはお金ないんだろうな、と思うことが何度もありました。良い時期と悪い時期の波がすごくありましたね。父は決して貧乏でもいい、と思っていたわけではないはずですが、それが父の生き方そのもの。お金も大事だけど、それ以上に大事なものがあると考えていたと思います。

父が亡くなってから判明したのは、差し引き3億5000万円の負債でした。もっともその大半はビジネスでつくった赤字ではなく、祖父から受け継いだ不動産に絡む借金でした。思いもよらないことで、相続税の心配をする以前に、相続放棄をするしかないという状況でした。

もちろん父はすべてわかっていたはずです。大洋音楽にはそれなりの資産価値があり、当時資金調達のため、ホリプロに7割以上持ってもらっていた大洋音楽の株を買い戻し、それを返済に充てるつもりだったのだと思います。急に倒れてしまったので、それが叶わぬまま逝ってしまいました」

現在、大洋音楽は、ホリプロの子会社になっている。

達司が亡くなり、智之が会社の机を整理していたら、数十通の金銭の借用書が出てきたそうだ。自分自身、資金には余裕がなかったはずなのに、困っている人がいたら助ける「父らしい遺品だな」と、智之は借用書の束を眺めたという。もちろんそれらのお金が回収されることはなかった。

智之は父の仕事に向き合う姿勢で、忘れられないことがある。

ポール・マッカートニーが世界ツアーを始める、という情報が入ってきたときのことだ。80年大麻で入国できず公演が中止になったときから数年経過し、日本のビザの発給も可能ということになっていた。多くのプロモーターが色めき立ち一斉に動き始めた。そんなある日、智之はウドー音楽事務所の有働誠次郎から電話を受ける。「俺は前回の公演中止もあり、今回はおりるけれども、本来、ポールをやるべきはタツの息子のお前だ。だから頑張れよ」というものだった。

「私も、もちろん自分の会社で契約したかったのですが、ポール・マッカートニーは、エージェントを通さずマネージメントとの直接交渉です。私はマネージメントにまったくツテがなかったので、父に電話して『誰と交渉したらいいか、連絡先だけ教えて』と聞きました。そうすると『俺はお前の会社の役員でも、株主でもない。キョードー東京では、一銭も給料はもらってないが、名刺も持っているし、会長職でもある。だから競争相手のお前の会社にそんな情報は流せないだろう』と、言われました。筋が通っているから私も文句の言いようがありません。そういう人でしたから、それなりの信用が得られたのだろうと思いました」

ランス・フリード「2つの通貨」

ロンドールにいたランス・フリードは、タツの誠実さに感動したという。

「タツがロサンゼルスに来て、〝ヴァレンティノ〟という、イタリアンレストランにジェリー・モスと3人で行ったときのことです。タツが『今日はお願いがあり来ました』と話し始めたのです。タツは自分の父親が亡くなったことを話し、日本では親の遺産を相続すると膨大な税金を納めなければならないことを説明しました。父親が借金して購入した家、土地の価値が高騰してしまい、父親の借金とともに、膨大な相続税を払わなければならなくなった、と我々に話してくれました。父親が所有していた高級ゴルフ場の会員権を売却して、ある程度のお金を手に入れたが、まだ足りないとのことでした。『大洋音楽の半分を売却する許しをいただきたい。私は残って御社との取引をいままでと変わらないように努力する』と頭を下げてきました。

ジェリー・モスは『わかった。許すも許さないも、大洋音楽はあなたの会社なので、思う通りに進めてください』とタツに伝えました。わざわざロサンゼルスまで来て、許しを請うという行動からも、彼がいかに取引先と紳士的にビジネスを行なっているかが窺える出来事でした。

タツの訃報を聞いたとき、悲しくて仕方がなかった。私が初めてアメリカからタツに電話したとき、とても緊張したことを思い出しました。タツに会う前のイメージは、どこかの国の大統領か日本の首相に会うような気持ちでした。

私は以前、タツに話して彼も賛同してくれたことがありました。人生には2つの通貨があり、ひとつは『自分のポケットに入れる通貨』。それは得ること増やすことができるが、無謀な使い方をするか、堅実な使い方をするかは本人次第である。もうひとつは『時間』という通貨。それをどう使うかは最も大切なこと。『時間』は使ってしまうと、取り戻せないものだから。タツにとって人生の通貨はきっと『時間』だったのだろうと思っています。彼はいつも寛大で、謙虚で、特別な人でした。今もタツの写真を額に入れて持っています。

タツは、ハワイにコンドミニアムを持っていて、シュノーケリングをするのが好きでした。永島夫人がタツの遺灰の一部を太平洋に散骨したことも聞きました。でも、彼がもういないなんて非現実的で信じられません。

数週間前に父（アラン・フリード）のお墓に行きました。父はもういませんが、精神的な繋がりを感じました。なぜか、タツとも同じように精神的に繋がっているような感じがするんですよ。彼の魂が今も彼と関わりがあった人たちと一緒にいて、正しい判断をするように導いているのではないかと思えてしかたがないです。そして、私たちに寛大で謙虚で、良い人でいるように言っているような気がします。

スチュワート・ワトソン

元MCAインターナショナル副社長スチュワート・ワトソンは、達司を尊敬していた。

「タツは、1975年に出会って以来、私のアジア地域における師となった人物です。彼は私を導く光でした。84年には、タツの助けを得て、ナイト・レインジャー、スティールハート、ジョディー・ワトリーなど数多くのアーティストを日本で有名にすることができました。キョードー東京の会長であり、大洋音楽のタツ・ナガシマと私は、堅固な信頼と友情関係を築けました。戦後の伝説的なプロモーターとして世界に名だたる彼は、日本の市場に関する非常に貴重な情報を与えてくれました。私の日本での成功は、ひとえに彼のおかげです」

マイケル・フランクス

AOR界を代表するシンガー・ソングライターのマイケル・フランクスは、こう語る。

「タツのおかげで私は新しい世界と音楽に開眼しました。彼は最初の海外公演を手掛けてくれたプロモーターです。1977年の日本初公演は私が体験した、数々の巡業のハイライトとして脳裏に焼き付いています。私と妻は、その年の9月タツがすべてを手配してくれて、東京・赤坂の日枝神社で結婚式を挙げました。結婚式で私たちのそばで、ずっと付き添ってくれているタツの写真が残されています。その後、何回かツアーで日本を訪れましたが、タツはいつでも我々のためにたっぷり時間を取ってくれました。後に彼は私の音楽の日本での音楽出版社となり、何年にもわたり、気のおけない仲間として素晴らしい時間をともにしました。タツほどミュージシャンの扱い方を心得た人はいませんでしたね」

ポール・マッカートニーからのメッセージ

私も（亡くなったリンダもスタッフたちも）、タツを心から愛していました。
彼はどんなときでも親切で洗練された紳士でした。
日本に行ったときはいつでも、
心をこめて面倒を見てくれました。

ポール・マッカートニー一家、
ジョン・イーストマン、永島達司のサイン
（提供:ソシエテミクニ）

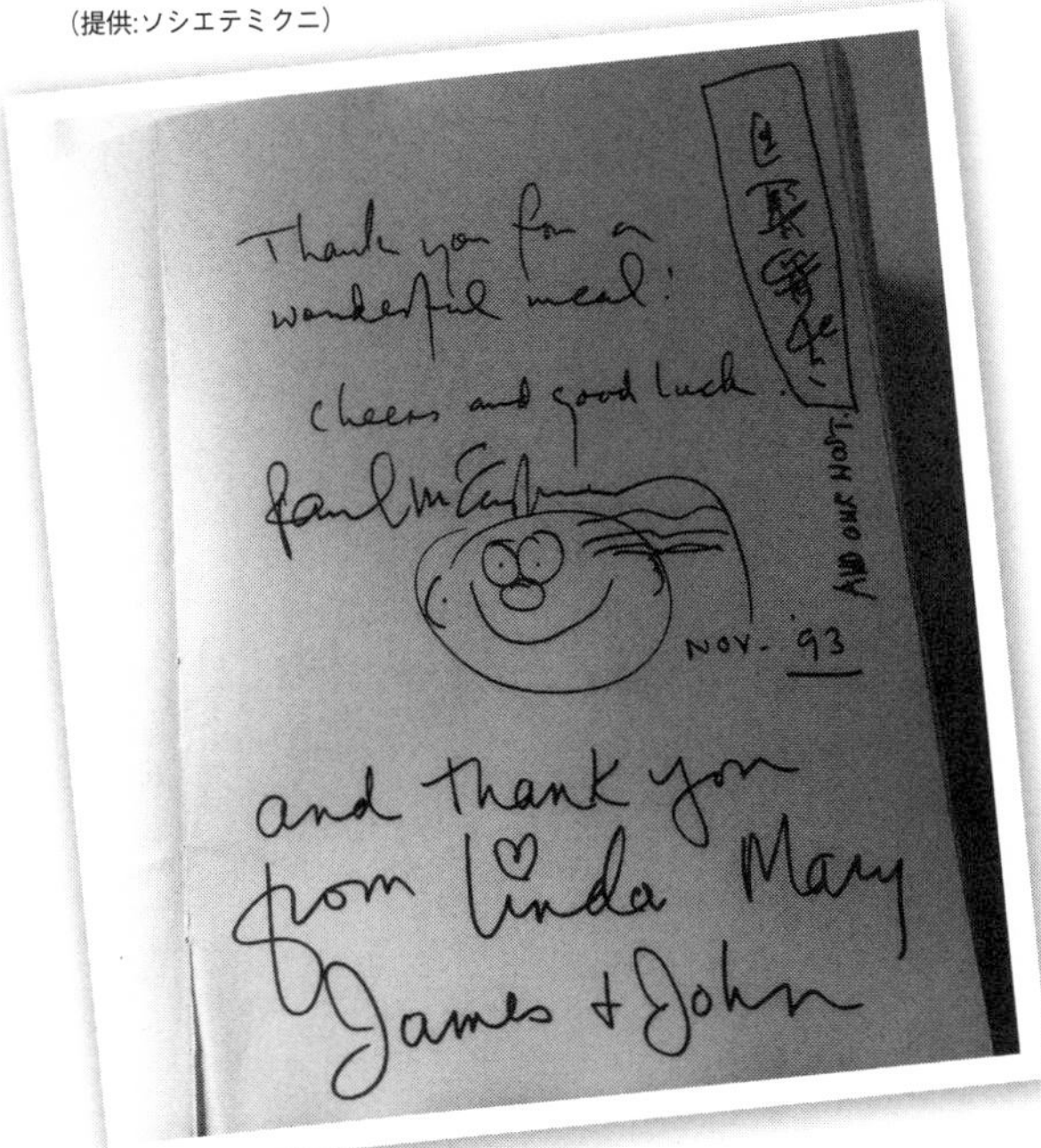

第3章

証言者
Witness

稲垣博司

稲垣博司は、渡辺プロダクション、CBS・ソニーレコード（現・ソニー・ミュージックエンタテインメント）代表取締役副社長、ワーナーミュージック・ジャパン代表取締役会長、エイベックス・マーケティング・コミュニケーションズ代表取締役会長など音楽業界を牽引してきた。

「私が渡辺プロのころ、制作していたフジテレビの番組『ザ・ヒットパレード』は、外国のアーティストのブッキングを協同企画に頼んでいました。番組の1本目は生放送で、2本目は録画に4、5時間かかることもありました。彼らが出演するときには、必ず永島さんが付き添っていました。『愛なき世界』がヒットしたボビー・ライデルを番組に呼んだときの話です。録画の途中でNGが出たり、カメラが故障したりして、夜の12時過ぎまで収録が延びてしまいました。日本のアーティストは我慢して待てるのですが、ボビーが『もう帰る』と言い始めて慌てました。彼とマネージャーが帰ろうとしたので、僕が出入り口で引き止めたら、あの紳士の永島さんが、『止めるなよ』とひとこと。迫力がありましたが、ボビーも長丁場に付き合ってくれたので、永島さんがそうおっしゃるのは当然のことだったと思います。

永島さんは海外生活が長いからなのか、誰かと一緒にいるというタイプの方ではなかったようです。パーティーでお見かけする永島さんは、たいていおひとりでいらしていました。その姿は孤立しているというのと異なり、平然としているように見え、『たいしたお人だ』と思いました」

佐藤 修

佐藤修は、ＢＭＧビクターやポニーキャニオンの代表取締役社長、日本レコード協会の会長などを歴任、現在は日本ジャズ音楽協会理事長を務める。佐藤は永島の思い出をこう語る。

「私が永島さんと最初にお会いしたのは、60年代半ばパット・ブーンの来日コンサートの会場でした。当時、私は大阪の営業所で一営業マンとして、楽屋に行きました。コンサート会場で行なうレコード即売用にパット・ブーンのサインをお願いするためです。すると永島さんがいきなり色紙にサインを始めたのです。よく考えると出演前のナーバスなときに、本人にサインはもらえませんね」

その後、佐藤はスティーヴィー・ワンダーや、ダイアナ・ロス、ＫＩＳＳなど洋楽の担当者として、永島と仕事上での付き合いは深くなっていったという。

「アーティストが来日した際、食事のときは永島さんに来ていただいていました。学生時代、ジョージ・ルイスをはじめジャズが好きなことを永島さんに話をよくしていました。あるとき永島さんの頼み事を引き受けたことがあり、それを喜んでくれて『佐藤、ジャズが好きだったよな。これあげるよ』と渡されました。それは有名なジャズカメラマンのハーマン・レオナルドのサイン入りで、マイルス・デイヴィスやルイ・アームストロングなど15人ほどのアーティストのプリント写真のコレクションでした。私のジャズの話を覚えていてくれて、その気遣いが嬉しかったですね」

鈴木武夫

鈴木武夫は、現在ロサンゼルスで仕事をしているが、最初は永島の協同企画にいた。

「私が協同企画に入社したのは1968年ころです。セルジオ・メンデスをずっと日本で担当していました。セルジオからアメリカに来て手伝ってくれないかという話がきたとき、興味はありましたが、少し驚きました。永島さんに相談すると、『まあ2、3年だったらいいかもしれない。ちょっと行ってきたら』と、言われたのが最初です。かれこれ30年以上ロサンゼルスに住んでいます。

実は2、3年で日本に帰るのは早いのではと思い、また永島さんに相談したところヘンリー・ミラーの仕事を手伝うようにと、言われたんです。いろいろなコネクションを覚えたり、さまざまな仕事をしました。キョードー東京が招聘するマイケル・ジャクソンなどアーティストのプロダクションの手伝い、ビザを取る手配もしました。

永島さんのことで私が印象に残っているのは、連絡をおろそかにしないところです。相手との約束を守り、急がなくていいと言われても、すぐに連絡を取り合う。こちらが連絡できないときは電報を使い、その理由を必ず伝える。そうして相手の信頼を得ていました。なかなか真似できません。ビジネスの基本だとも、おっしゃっていました。相手に優しく謙虚に話されるのも良かったですね。

永島さんは、洋楽を広めたことで、戦後の日本と欧米の音楽の距離を近づけ、繋ぐ役目をなさった方だと思います」と、鈴木は永島のことを懐かしそうに語る。

星加ルミ子

1967年、音楽雑誌ミュージックライフ1月号の表紙を飾ったウォーカー・ブラザーズ。その後、読者のために開かれたイベント『ウォーカー・ブラザーズこんにちは』は大盛況だった。ビートルズ以降は、星加にも気軽に声をかけてくれるようになった永島をそのとき誘っていた。

「イベントが全部終わったころ、『ちょっと相談があるんだけど来てくれない？』と永島さんに呼ばれて、すぐにオフィスに駆けつけました。『日本でコンサートをしたいと思うんだけど、ルミ子ちゃん、お客さん入ると思う？』と、聞かれ『今だったら入ると思いますよ』と答えました。

永島さんは来日した際に向こうのマネージャーに会っていたらしく、コンタクトを取ったら、良い話だからすぐ日本に行くということで、トントン拍子に公演の話が進みました。ところが、来日の直前に女の子に人気のあるスコット・エンゲルが行方不明になったという連絡が入りました。

永島さんに『ルミ子ちゃん、ちょっとロンドンにひとっ飛びしてきて。スコットの首に縄を付けて引っ張ってらっしゃい』と頼まれ、早速ロンドンへ。運よく、スコットは戻ってきたらしく、彼のアパートをマネージャーと一緒に訪ねました。するとケロッとした顔で、『あと1週間で日本だね。この前日本ではファンの人たちが喜んでくれたのですごく楽しみにしている』というんです。

68年ウォーカー・ブラザーズの初公演の大阪には、永島さん自ら同行されました。当時とても珍しいことだったんです。公演は日本武道館でもあり、ビートルズにも劣らぬ人気でした」

金井 浩

CBSソニーが今日あるのは、1967年映画『卒業』の主題歌、サイモン&ガーファンクルの『サウンド・オブ・サイレンス』が、大ヒットしたことが大きいと元CBSソニーの金井は話す。

「永島さんとはブラザース・フォアを会社の創立記念日に呼んでもらったときからのお付き合いです。ある日、私にアート・ガーファンクルから電話がありました。彼はサンフランシスコから貨客船に乗り神戸から京都を回り東京に来たそうです。私は驚いて永島さんに、『一緒に会っていただけませんか』とお願いしました。宿泊先の帝国ホテルを訪ね、昼を一緒にしようということになり、地下アーケードにある江戸前寿司『なか田』で、3人でランチをしました。ガーファンクルは、すっかりウニが気に入って8貫も食べたのです。それで彼がプロ野球を観たいというので、永島さんが巨人戦のネット裏のチケットを手配してくれました。同じフロアの骨董店をのぞき、そこにある屛風が気に入ったようでした。確か50万円ほどでしたが、永島さんと相談してプレゼントをしました。そのことも、永島さんがサイモン&ガーファンクルを呼ぶきっかけに繋がったのです。

77年、ボブ・ディラン側から翌年の来日公演前に、日本のメジャー・ニュースペーパーの記者を招いてロサンゼルスで記者会見を開きたいと要請があり、朝日、毎日、読売の新聞記者と一緒にロサンゼルスへ行きました。ディランとの記者会見のあと、記者の方々はディランが映画音楽を担当し、少し出演している映画『ビリー・ザ・キッド21才の生涯』の試写会が組まれていました。

会見終了後、私はディランとふたりの時間があり、彼の本を読んでいた私がディランに『少年時代にハンク・ウィリアムズを好きで影響を受けたのは本当ですか？　僕も中学時代からカントリーが好きで、ハンクを敬愛しています』、などとハンクの話で意気投合しました。去り際に、ディランが『We have a mutual spiritual friends』と言ってくれたのです。

78年2月キョードー東京とウドー音楽事務所がボブ・ディランを呼んだとき、私は許可証を申請し、ひと足先に税関を通りバゲージクレームに入りました。税関の中に入りディラン一行を出迎えたので喜んでくれて、無事に通関して記者会見場に移動しました。

通常は招聘主が出迎えるので、有働さんに怒られました。そのときに永島さんが、『ディランのためにしたことだから、まぁいいんじゃないか』と、間に入ってくださったのを思い出します。

実は、CBSソニー（現・ソニー・ミュージックエンタテインメント）の創業時に、日本コロムビアのアメリカ駐在員のタツ野崎こと、野崎達也さんがCBSソニーに入り、初代の洋楽部長になったのです。タツ野崎さんは、アメリカの業界では、既に名前が知られていました。

アメリカでは、ふたりともタツと呼ばれ、紛らわしいので、野崎さんが『スモール・タツ』、永島さんが『ビッグ・タツ』と呼ばれるようになったわけなんですね。

永島さんは、ハンサムで、いつも黒いパンツで、おしゃれなジャケットを着ていたのが印象的でした。素晴らしく英語が堪能で、堂々として外国人との交渉も引けを取らない、ジェントルマンでした。音楽業界の白洲次郎さんのような方ですね」

橋本福治

キョードー大阪の会長を務める橋本福治は、世代交代が進むキョードーグループのなかで、現役時代の永島達司を知る数少ないひとりだ。

橋本は一般企業を経て中途入社で協同企画に採用された。一般企業での勤務を経て、ビジネスマナーを身に付けていた橋本に、永島も目を掛けていたという。

1970年大阪で日本万国博覧会が開催された。万博ホールではさまざまなイベントが催され、アンディ・ウィリアムスとセルジオ・メンデス&ブラジル66も公演を行なった。招聘の交渉をしたのは永島だ。当時、東京から大阪に駐在していた橋本も、この公演では永島の手伝いで奔走した。

「永島さんはコンサート以外では、めったに大阪には来ることがなく、東京から大阪に移ってからは、お会いする機会も少なくなりました。寡黙な方でしたが、私に会うときはいつも『橋本、元気か?』とか、『何か困ったことがあったら遠慮なく言ってよ』なんて、声をかけてくれたものです」

中途入社したころは、それほど業務に興味があったわけではない、という橋本だが若いころは、アンディ・ウィリアムス、セルジオ・メンデス、レイ・チャールズ、ブラザース・フォアがお気に入りで、よく彼らの音楽を聴いていたそうだ。ブラザース・フォアの日本公演では、永島にマネージャー代理を言いつけられ、北陸公演に同行したこともあった。

「私は英語が全然できないので、本人たちとの接触はほとんどありませんでした。英語ができたらもっといろいろな体験ができたかもしれませんね」

永島が海外との交渉を担っていて、国内の現場を仕切り、永島を支えていたのが、キョードーグループの創業者内野二朗である。橋本は内野の下でも働いた。

「私が内野さんから任されたのは、コンサート公演に広告協賛を付けることでした。一般企業から広告協賛を募った前例はなく、協同（協同企画エージェンシー）が初めてだと思います。わずかでも協賛で広告料金が入れば、入場料を下げられる。それは内野さんの発想でした。チケットが7000円から5000円になったら、お客さんやリピーターが増え収益も増加します。この発想は素晴らしいと思いました」

永島は非常にアーティストを大切にすることで知られていた。予算がオーバーしていると伝えてもお構いなし、アーティストが喜べばいいと言って、食事や観光に連れて行ったという。

「アーティストの悪口を少しでも言ったりすると、『アーティストのおかげで食べていられるのだから』と、すごく怒られたものです。外国育ちのせいか、考え方が日本人離れしていたのかもしれませんね。仕事に対しても非常に厳しい方でした。会場づくりや音づくりなどには採算度外視。我々が、採算が取れないので、できませんと伝えたところで、自分で責任取るからいいと言ってはアーティスト本位を押し通しました。

広告協賛を考え出したり、帳尻を合わせて採算が出るように工夫したりしていたのが、内野さんと私でした。このコンビが近代的な興行のためには貢献できたと思います」

岡本 哲

キョードー横浜代表取締役社長の岡本哲もまた、永島達司の仕事ぶりを身近で見ながら興行の世界を学んできた。岡本は広島テレビに勤める兄から、キョードー東京の内野二朗を紹介され、興行の世界に身を置くようになる。内野に会った翌年に、岡本は地元愛媛県松山市でのセルジオ・メンデス&ブラジル66の公演を任される。

「まったく興行の知識がないのに、いきなりセルジオ・メンデス&ブラジル66の公演ですよ。チケットの作り方も当時あった入場税の税務署への手続きもまるで知らず、キョードー大阪の橋本福治さんに手取り足取り一から教えてもらいました。永島会長とお会いしたのは、ニッティー・グリッティー・ダート・バンドのときです。永島会長との仕事で一番印象に残っているのは、カーペンターズやオリビア・ニュートン=ジョン、ABBAですね」

永島の下で働いた日々で、岡本が記憶に留めていることは数多い。そのひとつが1976年のカーペンターズの仙台公演。永島に殴られたというほろ苦い記憶だ。

「仙台の公演は、昼の公演と夜の公演とではチケットの売れ行きが違いました。昼の部は1000枚ちかく売れ残っていたので、左右の間隔を空けて見た目に席が埋まっているように席の数をカットしたのですよ。そうすると満席に見えるわけですね。コンサートが終わってから、2時間ぐらいで、席を元に戻せばいいという気持ちでした。外国人のアーティストの場合は、アカウンター(会計士）がいて、席を全部見てチェックするわけです。事前に座席の図面を渡しているので、その図面と異なるとなぜ違うのか、という話になるわけです。会場の申請は、チケットの売れ行きにかかわらず、同じ席数で申請をする決まりになっていました。

当時の私はそこまで気が付かずにいました。午前中レコード店に、チケット代の集金に行って少し遅れて会場に戻ると、永島会長に『何で席を出してないのか？』と聞かれて、『昼の部はチケットがさばけなかったので、夜の部はあとから出します』と、答えたのです。

永島会長が、『席は先にカットするな。空いているところは、空いているままで、アカウンターが考えて、席を取ってもいいと許可を取ってから、するものだ。そういう場合には、幕をするんだよ』とおっしゃいました。『それでは格好がつきません、1000枚ちかくも残っているんです』と答えると、永島会長に一発いただきました。まさしく愛の教えでした。

私は不機嫌なまま、ひとりで座席を出していたのを覚えています。ところが、コンサートが終了後、夜12時過ぎにホテルに戻ると、永島会長がフロントで待っていらっしゃいました。『お疲れさま。腹が空いているだろう』と。営業を終了したレストランに頼んでくださったらしく、『好きなものを食べろ』とおっしゃいました」

永島のすごさを何度となく見てきた岡本だが、ひときわそれを実感したのが、永島が亡くなる2年前の97年、大阪ドーム（現・京セラドーム大阪）のオープニング公演『スーパーコンサート・イン・大阪ドーム』での出来事だった。このコンサートは、プラシド・ドミンゴ、ホセ・カレーラス、ダイアナ・ロスという超豪華アーティスト3人が一堂に会し、大盛況のうちに幕を閉じた。

コンサート終了後、23時ごろからリーガロイヤルホテルで、関西テレビの主催で出演者3名も参加して特別なパーティーが開かれ、スポンサーやVIP招待の方々は男性も女性も正装でした。

パーティー終了後に、関係者だけが1テーブルに残り、プロデューサーの寺島忠男夫妻や永島達司をはじめ、12、3人ほどで明け方の4時くらいまで、テーブルを囲んで話に花を咲かせていた。

「朝の6時には、ダイアナ・ロスが帰国のためホテルを出発する予定でした。私は5時半に彼女の部屋の前で、見送るために待機していたんです。マネージャーも降りてきて、一緒に待っていると6時ちょっと前くらいに永島会長がいらしたんです。しばらくして、化粧もしないままサングラスをかけたダイアナ・ロスが、永島さんを見るなり、『タツ！』と言って、サングラスをはずしました。永島会長が声をかけると『送ってくれるの？』と、彼女はとてもうれしそうな顔をしていました」

永島はタクシーに同乗して伊丹空港までダイアナ・ロスを送っていった。空港からホテルに帰ってきたときには、さすがの永島も疲労困憊して見えたそうだ。しかし岡本は改めて永島の人柄の素晴らしさを感じたという。どんな状況でも深いホスピタリティを持って、アーティストに接する姿に感銘を受けたと同時に、この経験をいつまでも自分の中に留めておこうと考えた。永島が直接招聘していないアーティストたち、例えばポール・アンカなどに対しても態度を変えることなく、大切に接していた。岡本自身も永島の姿勢を見習い、アーティストに接するように努めている。

上田健一

東京音楽祭はＴＢＳ主催で１９７２年から92年まで、約20年にわたり開催された国際音楽祭。国内外のアーティストが参加、審査員もやはり国内外の有名アーティストが務めた。世界的アーティストのゲストパフォーマンスも話題だった。ＴＢＳの要請で永島は東京音楽祭に携わっていた。

「最高責任者は、プロデューサーのギョロナベさんこと渡辺正文さんでした。そのあとは鎗居秀禎さんでしたが、ふたりとも永島さんとは大阪万博時代からの付き合い。ギョロナベさん、鎗居さんは、入念な打ち合わせをして準備をしました」と元ＴＢＳの上田健一は語る。

「81年の東京音楽祭のゲストは元ビートルズのジョン・レノンを予定しました。永島さんが私に『ヨーコさん知っているでしょ？　レノンも箱根で会ったでしょ？　大丈夫だから行っておいでよ』と背中を押されて渡米すると交渉が難航することもなく来日が決まりました。ジョンとヨーコが、いかに永島さんに絶大な信頼を寄せていたのかを実感しました」。しかし衝撃的な事件が起こる。80年12月８日、ニューヨークの自宅前で、ジョンは凶弾に倒れ亡くなってしまったのだ。

「開催１カ月を切る状況で局中が大騒ぎ。永島さんは、スティーヴィー・ワンダーに電話をして、正直にジョン・レノンの代役だと伝えました。スティーヴィーがジョン・レノンのことを尊敬していて『彼の代役なら僕は日本へ行きます』と答えてくれたそうです。日本時間12月31日正式に決まり、神技のような仕事ぶりに世界のビッグ・タッツと呼ばれる永島さんの力を思い知らされました」

都倉治子

都倉治子は元三菱商事の社員で現在、作曲家都倉俊一の夫人である。三菱商事が都市開発の一環としてつくった、天王洲のアートスフィア（現・天王洲 銀河劇場）、1992年の柿落とし公演を企画するチームに参加していた。

「当時は三菱商事もブランド志向だったため、オープニングに誰を呼ぶかが問題でした。人選は難航を極めました。そのころ、ナタリー・コールが父親のナット・キング・コールと映像でデュエットする、という革新的な演出で『アンフォゲッタブル』がヒットしていて、劇場のオープニングには最高だと思いました。そこで、イベントに詳しい日本航空宣伝の武田裕さんに相談しました」

武田は、ナット・キング・コールを招聘したことがある永島に相談するのが早いだろうと、さっそく連絡を取った。永島もすぐにナタリー・コール側にコンタクトをして、承諾を得ることができ、話は順調に進んでいくかのように思われた。交渉を重ねている最中に、ナタリーは『アンフォゲッタブル』でグラミー賞を受賞。その後にステータスのある、チャリティーコンサートに招待された。ナタリーは父のナットともに人種差別を受けてきており、白人のチャリティーコンサートに招待されることは、とても栄誉なことだったらしい。間もなくナタリーサイドから「チャリティーコンサートの日程と重なったので、申し訳ないけれど行けない」という知らせが入ってきた。

すぐに永島に相談して、再度、説得してもらうことになった。ナタリーの答えは「チャリティーをキャンセルするのはノーだから、日にちを変えてくれれば行きます」だった。準備はかなり早い段階からしており、11月2日から5日に日にちを3日ずらすことにして改めて説得を試みた。

電話でのやり取りではラチがあかないということで、永島がナタリーと直接交渉のために渡米をすることとなった。「永島さんの息子さんのトム（智之）さんには、劇場のオープニングにアドバイザリーボードとして入っていただいていました。トムさんを含む私たちは、永島さんからの電話を待って天王洲の倉庫の準備室でじっと待機していました。『大丈夫、来てくれる』という連絡をいただいたときには、本当に安堵しました。三菱商事、鹿島建設、日本航空、コカ・コーラなど15社のトップの方々のスケジュール調整が大変でした」。

ようやくナタリーは来日するが、彼女自身プライベートでさまざまな問題があったらしく、あんまり機嫌の良い状態ではなかった。そこで永島は、ナタリーを手厚くケアしたという。そのおかげでナタリーは機嫌をなおしてくれた。

「私たちにとっては世紀の瞬間のような劇場のオープニングだったのです。永島さんには、大変ご尽力いただいたので、一番良い席に座っていただきたかったです。でも、永島さんは『僕は席いらないよ』と、開場まではバックステージ、開場後は初めてのお客様を迎える劇場エントランスで、緊張している私たちの横にずっと一緒にいてくださいました。そして無事オープニングコンサートが終わると『本当に良かったね』とおっしゃって優しいお言葉をかけてくださいました。いま思い出しても涙が出ます」

武田 裕

元日本航空の武田裕は、帰国子女で英語が堪能なので、永島達司の息子譲二を通じて学生時代、大洋音楽で3年間、外国人アーティストの通訳などのアルバイトをしていた。

武田によると、永島は世界中のスターたちにとって日本で唯一頼れる存在だった。永島から頼まれキャンディス・バーゲンの来日時のアレンジやジョージ・ハリスンの米国の別宅用の灯籠探しを手伝い、英文の灯籠の資料をジョージ宛に送るような仕事も行なっていた。

1990年、日本航空のCMは、「只今、JALで移動中」というコピーとともに、ジャネット・ジャクソンの音楽と圧倒的なダンスパフォーマンスで一躍話題を集めた。

89年、ジャネットは自身4枚目のアルバム『リズム・ネイション1814』をリリース、アメリカ国内で頭角を現し始めた。日本航空がCMの出演者を探していた折、ある広告会社からジャネットを起用してはと、打診があった。CM制作担当の武田は「ジャネットはまだ日本では知名度は高くありませんが、マイケル・ジャクソンの妹で、これから有名になります」と、社内会議で宣伝部長を説得。7000万円という出演料も納得できるもので、ジャネットの起用が決定した。

ところが、CMが完成するまでの制作過程では難題が多々生じた。当時の日本はバブル景気の真っただ中、日本航空は1月1日から2週間、10億円を費やしテレビスポットの購入を進めた。その矢先、広告会社の局長が宣伝部に謝罪にきた。出演料が間違いで、さらに2億円必要というのだ。

武田は、すぐに永島に電話を入れた。「ジャネット側が出演料をいまになって上乗せしてきて困っています。お力を貸してください」。同時に、広告会社を電通に切り替えた。

永島は日本航空本社の宣伝部長以下、関係者全員が居並ぶなかに姿を現した。

「僕の親しい人物が、いまジャネットのマネージャーだからすぐに相談しよう」と電話をかけ始めた。永島の交渉力はとても鮮やかで、一所懸命に相手を説得した。

たった1本の国際電話で2億7000万円が1億円近く下がり、何とか交渉が成立した。

「永島さんはただ一言『武田、これでいいか。じゃあ僕は帰るよ』と、宣伝部から立ち去っていかれました。上司にお礼のことを聞かれましたが、永島さんは何も対価を求めませんと答えました」

武田が永島の下で学んだのは「ギブ&ギブ」の精神。永島はアーティストたちの面倒も徹底的に見ており、彼らもそれをわかっていて「タツのためなら」と、言うことを聞いたそうだ。

世界中のアーティストは皆、永島を慕っておりカレン・カーペンターからは結婚式の招待状が届いた。ポール・マッカトニーからは亡くなった妻のリンダの密葬に永島に参列してほしいとの連絡が入り、永島はロンドンのセント・マーチン教会に出向き友人として参列した。

「幼少期をニューヨークとロンドンで過ごした永島さんは日本人というより、国際人でした。アメリカ英語とキングス・イングリッシュの使い分けも上手だった。あの時代にあれほど国際感覚に優れた人はいませんでしたね。だから、国内外問わず永島さんを頼りにする人が多いのはよくわかります。本当に特別な存在でした」

三浦信樹

三浦信樹は元電通ミュージック・アンド・エンタテインメントの代表取締役社長。以前、電通にいたころ、さまざまな仕事で永島達司に助けられたと語る。

「1989年に、日本航空がCMでジャネット・ジャクソンを起用することになりました。最初は別の広告会社からの持ち込みでした。日本航空からの依頼でアメリカの弁護士を使って調べてみたところ、ジャネットのマネージャーまで仕事の話も契約内容も伝わっていなかった。それが11月のことで、キャンペーンは年が明けて1月1日からの予定で、撮影クルーもすでにアメリカに入っているという状況でした。当時、僕は電通の社員でしたが、会議に呼ばれて日本航空に行ってみると、宣伝部長、3人の課長、CM担当者の武田裕さん、永島さんが揃っていました。その場で永島さんが、ティナ・ターナーのマネージャーのロジャー・デイヴィスに電話をして、CMは電通が担当するという話をしました。ところがロジャーはオリビア・ニュートン＝ジョンを以前担当したとき電通にはひどい目にあい、一緒に仕事をするのは嫌だというのです。永島さんは一所懸命、電通でもまったく別の部署の人たちだと説得をしてくれて、やっと契約の作業がスタートしました」

当時、永島はプロモーターよりも、大洋音楽の版権ビジネスに軸足を置いているように三浦には見えた。音楽出版はアーティストの利益のために、楽曲の権利を守り管理していく立場だ。だからなおさらアーティストやマネージャーも、永島には絶大な信頼を置いていたのではないかと思う。

実は三浦と永島の長男トム（智之）は幼稚園と小学校の同級生だった。互いの家も行き来しており、大人になって一緒に仕事をすることになるとは、と不思議な縁を感じたそうだ。

当時、東芝ＥＭＩの係長だった石坂敬一から、一緒にローリング・ストーンズを呼ぼうと声がかかった。力もない自分に何を言っているのだろうと、半信半疑で打ち合わせ場所のヒルトンホテルのカフェに出向いたという。石坂は打ち合わせの時間よりも、かなり早めに三浦を呼んだらしく、「一体どんな人が来るのだろう」と思っていると、姿を現したのは永島だった。三浦が「なんだ、おじさんか」と言うと、石坂は「知っているの？」と、気が抜けたようになってしまった。82年ごろの話である。結局ローリング・ストーンズを呼ぶ企画は、薬物の問題があったために頓挫してしまった。

電通のクライアント・三菱電機のコマーシャルの関係で、三浦はマドンナの公演にも携わっていた。後楽園で3回、大阪球場で2回の公演を行なう初めてのワールドツアー。契約は電通が仕切ったが、プロモーターの仕事はキョードー東京が担当することになった。

87年6月、後楽園での公演の2日目に豪雨となり、加えて東京ドームが建設中のため、ビル風のような強風が吹き荒れ、雨がステージ上に吹き込んでいた。会場の様子を永島、マドンナ、嵐田たちが先頭に立ち見に行ったが、あまりにひどい状況に中止にせざるを得なかった。

「当時のマドンナのマネージャーはフレディ・ドゥマンでした。彼は永島さんが様子を見に行ったときに、水たまりがたくさんあったのを見て、慌てて永島さんのところに駆けつけてふたりで何やら話し込んでいました」

マドンナがすべてをオーガナイズするショウでは、激しいダンスパフォーマンスも見せ場だ。雨で濡れたステージでは納得できるパフォーマンスができない。また、危険でもあると安全面のことも考慮したと思われる。マドンナ側も主催者側も苦渋の決断だったようだ。

家電メーカーのＳＡＮＹＯが電通を通じて、ホイットニー・ヒューストンと契約したころ、永島はキョードー東京、ウドー音楽事務所の双方の会長職に就いていた。三浦もまた、この契約に関わっていたが、仕事をともに進めたのは嵐田とであった。永島は必ずコンサート会場に来ており、良き相談相手として、さまざまな場面で助けてくれた。

「88年のホイットニーの来日のときには、彼女のスタッフたちが肉を食べたいと言うので、瀬里奈の『モンシェルトントン』に連れて行きました。そこに永島さんが来て『みんなに好き勝手やらせておいたら、金なんかいくらあっても足りないぞ』っていうのです。一通りの軽いコースを注文して、僕が見本を示してやるからと、永島さんがスピーチをすると全員、おとなしくなりました。こうやって食べるのだと、肉とご飯を交互に食べるように教えるんです」

三浦はキョードー東京の社長である永島達司、内野二朗、嵐田三郎と3代にわたりともに仕事をした。それぞれ皆、カラーが違って面白かったと言う。

「その中でも永島さんは別格でした。スマートで一線を画していました。海外のアーティストやマネージャーの誰もが、永島さんを信頼していたし絶対的な支持を受けていました」

大西泰輔

「永島さんは洋楽界において、大きな存在だった」と元ＣＢＳソニーの大西泰輔は語ってくれた。

「欧米の音楽業界で『タツ永島』の名前は、日本の音楽業界の大物として知れ渡っていました。

私は出張で頻繁にＣＢＳの本社があるニューヨークを訪れていました。手掛けたのはマイケル・ジャクソン、ビリー・ジョエル、カルロス・サンタナ、ブルース・スプリングスティーン、カーラ・ボノフ、など錚々たるアーティストでした。永島さんは彼らとも親交があり、来日するアーティストたちとのミーティングのアレンジは、永島さんにお願いしていました。

ビリー・ジョエルのミーティングのときも永島さんは最初、紹介するだけでいなくなるんです。『タツ、あとでね（Tats, OK, see you later)』という感じでした。海外のアーティストが来日するたびに『ビッグ・タツはどこにいるんだ』と、聞かれました。

永島さんが『ようこそ（Hi Welcome)』と挨拶すると、彼らは『ビッグ・タツ？』と尋ね、そうだとわかると『お招きありがとう（Yes, thank you for having us)』と、言いながらアーティストの方が興奮していました。ジャーニーやトトなどのロックバンドは、永島さんの前に行くとみんなシーンとして最敬礼。ひとりずつ並んで挨拶して、彼らから握手してくださいとお願いするんです。握手してもらうと大喜びでした。『ビッグ・タツ』は、それくらいアーティストの間では有名人でした。すごい人物だと聞いていたのに謙虚で紳士的な振る舞いに、みんな驚いていました」

中村芳章

フジテレビジョンの国際開発局オリンピック・パラリンピック推進室、ゼネラルプロデューサー、中村芳章は、20代後半からキョードー東京と仕事をする機会が多かった。

「永島会長にお世話になったことで、記憶に鮮明にあるのは、1990年12月の『グリーニング・オブ・ザ・ワールド』です。ジョン・レノン生誕50周年を記念したイベントで、オノ・ヨーコさんが企画した環境問題のコンサートでした。通常、アーティストは遅くとも1年前にはツアースケジュールなどは決まっています。半年を切った状況でオノ・ヨーコさんのイメージ通りに国内外の大物を、どこまで招聘できるかが問題でした」

このコンサートは、出演者がジョン・レノンの曲やビートルズの曲を歌うというもので、企画性が一番重要だった。中村は久保田利伸のキャスティングを強く希望し、久保田側からは「ナタリー・コールと歌えないか？」とのリクエストを受けていた。個性豊かなふたりが歌うとなると話題性は抜群だ。問題は彼女のスケジュールの調整だった。困り果てた中村が頼ったのが永島である。

「大洋音楽に電話すると、たまたま永島さんがいらしたので、秘書に取り次いでもらいました。『会長、至急お時間をいただけませんか？』と懇願してすぐに表参道のオフィスにお伺いしました」

中村は永島に企画の概要と時間が迫っている事情を説明し、ナタリー・コールをイベントに招きたいと、相談した。すると永島は「そう、ヨーコの企画なの。ヨーコは元気? ナタリーはね、僕がおしめを替えていたんだよ。ナット・キング・コールと日本に来たときにまだ赤ちゃんでさ。元気かな、あの子」と、こともなげにその場で電話をかけはじめた。話していた相手は、タツが言うなら日程次第で出演してもいいと、いとも簡単にスケジュールが押さえられてしまったそうだ。

中村は、その場で交渉が成立する様子を、驚きを持ってただ眺めていた。永島といえば雲の上の存在である。当時、中村は33歳。永島には言葉にできない大きさを感じたそうだ。

当日コンサート開始の40分前に、関係者入口から永島が来ていると連絡が入った。

「これは粗相があってはいけないと思い、あわてて関係者入口に駆けつけました。すると永島さんはアリーナの通路を、普段通りにほんとうにゆっくりと歩いていらっしゃるのです。私はダッシュで走っていたので、お会いしたときには飛びつかんばかりでした。会長、ありがとうございました!というと永島さんは『大丈夫なの? ヨーコはいるの?』とおっしゃるので、バックヤードのヨーコさんの部屋にお連れしました。お二人はハグして再会を喜んでいるようでした」

『ザ・ポール・マッカートニー ワールド・ツアー・イン・ジャパン』では、中村と嵐田がポールを招聘した。滞在中ガードが堅かったポールは、永島には特別に心を許していたようだ。ポールは夜の食事時間を永島とほとんど一緒に過ごしていた。中村はふたりの結びつきの強さを感じた。

「いま若い人たちが興行というビジネスができるのも、永島さんが礎をつくり興行界の歴史を築いてきたからです。私からすると神の存在ですからね」

宇崎竜童

私はビートルズが来日したとき、大学生でした。叔父がブルー・コメッツが所属する大橋プロを経営し、永島さんとのツテで、コンサートのチケットをもらいました。とても良い席でした。

私は幼いころから音楽が好きで、大橋プロに入ったのは大学4年の12月です。永島さんの大洋音楽によく遊びに行っては、まだリリースされていないテスト盤をもらって聴いていました。

サンダー音楽ができてからも永島さんから「いつでも来いよ」と言われて、あの時代は白盤を、たくさんいただいて帰ったものです。永島さんは気前よく、寛大でした。とても紳士的で、ああいう大人になりたいと思わせてくれた人です。大橋プロが倒産して、永島さんの支援で叔父はキョードー・ジャパンをつくり、私はそこに入り、レコーディングをするミュージシャンも何人か担当しました。その都度永島さんは、「どんな様子だい？」と顔を出してくれたのです。

永島さんは初対面のときから丁寧に接してくださり、下の者にも、誰にでもとにかく平等でした。ひとことで表現すると、ジャパニーズ・ジェントルマンですね。

そして永島さんを見て、グローバルに動くときは、正確な日本語をしゃべり、その上で正確な英語を話すのが大切なんだといろいろ学びました。

また何か少し困ったことがあったり、どうしたらいいかわからないと思うと、永島さんの所によく電話をかけました。大洋音楽に行くと、気楽に、じゃあちょっと外に行こうかって言われて、表参道の入口近くの青山ダイヤモンドホールに誘われました。私が相談ごとでお伺いしたのに、お茶でも飲もうと言われ、「どうしたの?」と聞かれ、すぐに「あ、わかった」と答えてくださり、その場で解決するんです。甘えすぎてはいけないのに、こちらが頼めば、なんでもしてくれました。

私たち、ロックやポップやGSなどのバンドが、世界に向かって発信していこうというときに、永島さんは紹介状を書いてくださいました。例えばアメリカでレコーディングやライブをやるとき、事前に電話連絡もいっており、さらに天下のタツ永島からの紹介ですから、アメリカサイドは「Everything all right」です。

永島さんはものすごくセンスが良かったです。お会いするたびに申し訳ないほど上から下まで、ジロジロ見てしまいました。こういう洋服をいつか着たい、靴を履きたい、鞄を持ちたいなど、憧れと尊敬の思いでした。

本木雅弘くんと内田也哉子さんが明治神宮で挙式され、永島さんご夫妻が仲人をなさいました。その披露宴に私も裕也さんにお招きを受けたときのことです。

永島さんは、わざわざ席を立って私の方へ来られました。「久しぶりだね。元気?」と挨拶してくださいました。私は驚くやら、誇らしいやら、恐縮してしまいました。周りはみんなロック・ミュージシャンばかりがいる中に、「え? なんで宇崎の所に挨拶に来るのだろう?」と注目の的でした。そのときが永島さんにお会いした最後でした。忘れられない思い出です。もちろんお葬式にも参列させていただきました。

パット・ブーン

Pat Boone：歌手・俳優

タツに初めて会ったのは、1956年か58年ごろ、大学を卒業してヘンリー・ミラーがやっていたジェネラル・アーティスツ・コーポレーションに所属したころでした。ヘンリーから、「とにかく日本に行ってタツ永島に会え。タツに世話になれば間違いないから」と聞かされていました。

64年3月初来日したころは『砂に書いたラブレター』が既に大ヒットをしていて、行く先々で必ずこの曲を歌わされていたのです。正直言って飽き飽き。ところが日本の観客は目をつぶって私の歌を聴き入ってくれる、まるで大切な宝石を扱うように私の声や歌を捉えてくれるのです。私はそこで改めて大切な曲であることに気づかされました。とても素晴らしい経験だったと思います。

私は世界各国を公演などで訪れましたが、日本でタツが世話をしてくれたときほど、素晴らしいことはなかったです。彼を通して日本が自分の中ですごく大きな存在となり、文化や国そのものをもっと知りたくなりました。彼は宿泊先に和室の部屋を取ってくれたこともありました。普段、馴染みのないことを興味深いことに変えてくれたのは、やっぱり彼のおかげだと思います。

あるとき、タツが「ベニハナ」に連れて行ってくれました。そこで食事をしたときの料理のおいしさといったら、もう中毒のようになってしまいました。何度か「ベニハナ」に行ったうちの一回は、タツと私とナット・キング・コールの3人で食事をしました。私がコンサートを終え、帰国するというときにナット・キング・コールが来日したのです。

　またタツは私が日本に行ったときに真珠のお土産などを私や妻のシャーリーにプレゼントしてくれました。当時はまだ1ドルが360円の時代で、ドルを持っていればなんでも買えた時代です。そんなときにタツが逆に高価な真珠をお土産としてくれた、というのはいまでも覚えています。

　大相撲を見に連れて行ってくれたこともありました。土俵のすぐそばの席だったから、怖かったけれど、近くで見られて非常に良い経験をさせてもらった。横綱だった大鵬（第48代横綱）にも会わせてもらいました。そのとき、私はアメリカのあるテレビ局のオーナーだったこともあり、ぜひ相撲をアメリカでも開催したいと思いました。アメリカにはプロレスのようなスポーツがあるけれどショウなんです。それと比べれば、大相撲は真剣勝負だからまったく迫力が違う。相撲がどういうスポーツであるかPR用の映像が欲しくて、タツが当時の日本相撲協会の時津風理事長（第35代横綱双葉山）に交渉して手に入れてくれました。残念ながらビジネスにはならなかったのですが。

　とにかくタツは私にとっての日本文化や、日本という国を知るための先生だったことは間違いないですね。その後、私が妻や子どもたちを連れて日本を訪れたときに、タツは奥さんを我々に紹介してくれました。それは当時の日本の文化からすると非常に珍しいことでした。タツの息子トム（智之）も紹介してくれました。永島家とブーン家は家族付き合いをしていたんですね。

　タツ永島というのは、素晴らしいビジネスパートナーでありましたが、それ以上に素晴らしい友人でもあったということは疑う余地はありません。

ドン・ウィルソン

Donald Lee "Don" Wilson：The Ventures・ザ・ベンチャーズのオリジナルメンバー、リズムギター担当

1962年に、ブッキング・エージェンシーのヘンリー・ミラーのオフィスから、私のところに「日本に行きたいか」と連絡がありました。

「もちろん行きたいです」。それならば、ということで永島さんを紹介してもらいました。

当時、ザ・ベンチャーズは4人編成のバンドでした。しかし、4人全員を日本に招聘するのは予算的に難しかったこともあって、私とボブ・ボーグル（ベーシスト兼ギタリスト）のふたりだけで、日本に行くことになりました。日本を初めて訪れたときは、まだ誰も私たちのことを知らなかったので、単独公演ではなく3組のアーティストが出るショウに出演しました。他のふたりのアーティストはボビー・ヴィー、ジョ・アン・キャンベルという女性でした。ジョ・アン・キャンベルは日本で公開されていた、『ツイスト』という映画の主演女優だったようです。

この年、初めて演奏した場所は、赤坂のナイトクラブ・コパカバーナと立川のベースキャンプ（基地）、それと渋谷のリキパレスでした。当時の日本には、コンサートホールがあまりなかったから、ほとんどの演奏は日本の駐留米軍のベースキャンプで行ないました。ふたりで日本に行ってみたものの、ザ・ベンチャーズは4人編成のバンドなので、2人足りないんですよ。そこで、日本人のドラマーとベーシストを調達して実際に演奏してみたのです。ところがそのころの日本には、ま

だエレキギター自体がなかったし、私たちのような音楽スタイルもなかった。だからふたりの日本人ミュージシャンとうまく合わせられません。結局我々ふたりで演奏することにしました。

当時は永島さんが移動のときにはドライバー、ステージに上がったらステージマネージャーや通訳と、すべてを兼任していました。さらに、私たちのショウの間にはホールの関係者や、マスコミ関係の人などと、ずっとビジネスの話をしていました。62年ごろの日本で、もっとも人気のある外国人のバンドは、アメリカのラテン音楽のグループ・トリオ・ロス・パンチョスだったんですよ。ところが、我々がアメリカに帰国した後に、日本で大エレキブームが巻き起こりました。

2年後の64年に、アストロノーツと一緒に再び日本に行ったときには、彼らがオープニングアクトを務め、その後に我々が演奏しました。そのころはまだ成田空港がなかったので、羽田空港に着きました。空港に飛行機の離着陸が見える展望デッキがあり、着陸して滑走路からゲートに入っていくときにデッキにすごい数の人々がいたのが確認できました。同じ日にどこかの国の大統領か、日本の偉い政府の方が来るのかなと思っていたのです。段々と飛行機が駐機場に近づいていくと、大きな垂れ幕があって、そこに〝ウエルカム・ザ・ベンチャーズ〟と書いてあるのです。

「我々は日本でこんなに人気があるのか」と、驚いたという印象がいまでも強く残っています。

64年の来日のときにはコンサートホール中心で、米軍のベースキャンプで演奏することはありませんでした。新宿厚生年金ホール、リキパレス、夜はコパカバーナと1日3回の公演。64年というのは、とにかくすごい年でした。1日3回の公演でも見られない人がたくさんいたので、一旦アメリカに帰国して3カ月後にまた日本に行きました。そのくらい人気がありました。当時はどこに行っても会場が満員で、一公演が終わって40分後にまったく別の場所に移動して、そこで公演するというスケジュールでした。

協同企画（当時）の永島さんと仕事をしたのは、多分15回くらいだったと思います。15回というのは15年という意味ではありません。1年に2回行なったこともありました。

初めて永島さんと会ったときの印象は、とにかくパーフェクトな英語をしゃべり、ものすごく聡明な人でした。たしか永島さんはイギリスの学校を出ていましたよね？　私たちは永島さんの性格も大好きだったので、すぐに良い友達になることができました。永島さんはたびたび赤坂にある「ミソノ」というお店に連れて行ってくれました。永島さんが私とボブ・ボーグル、パット・ブーンを連れて、「ミソノ」でディナーをしたことは、いまでもはっきりと覚えています。

ジョージ・リードが作ったザ・ベンチャーズのドキュメンタリーフィルムがあります。日本でもザ・ベンチャーズが好きな人たちはみんな見ている、というほどのすごく良い映画なのですが、それを見るとザ・ベンチャーズの当時の人気ぶりがよくわかります。日本版は英語を全部日本語に吹き替えていて、ロイ・ジェームスさんや大橋巨泉さんも声を当てていたかな。日本でデビューしてから今までにザ・ベンチャーズのアルバム、レコードの売り上げも4000万枚を超えています。

永島さんと最後に会ったのは、90年代でした。永島さんといろいろ話をする中で、「生涯の中でザ・ベンチャーズをブッキングしたことが、一番お金になったのかもしれない」と言われたことがありました。私が覚えている永島さんの思い出は、彼が招聘してくれたときには、いつでも私達のドライバーとなって、いろんなところに連れて行ってくれたことです。公演以外でも夜食事に行くときでも、いつでも。

フィオナ・テイラー

Fiona Taylor：ザ・ベンチャーズのドラム、メル・テイラーの妻

夫のメル・テイラーは、名ドラマーだったジーン・クルーパの影響を受け、独特のスティックさばきが人気を博していたと聞いています。メルは1996年の日本でのツアー中に、体調不良を起こし帰国して10日後に他界してしまいました。

私はザ・ベンチャーズが、タツと初めて会ったのがいつなのかは聞いていません。メルは日本を初めて訪れて、コンサートを行なったときにタツと知り合ったようです。「タツは素晴らしい紳士だ」ということをよく聞かされました。「来日したときに受けたおもてなしや、一緒にツアーで各地を回ったことは忘れられない思い出だ」と、話していました。

私が、タツと初めて会ったのは60年代の初めで、確か大洋音楽との仕事を通してでした。私も、夫同様にタツには好印象を持ち、素晴らしい人だと感じました。彼と会えたことは、ほんとうに幸運だったと思います。

ジーン・シモンズ

Gene Simmons：キッスのベーシスト、ヴォーカリスト。作詞、作曲家

コンサートで初めて日本を訪れたときのことです。「ＫＩＳＳ」のロゴ入りのパンアメリカン機を降りて、私はいつものようにキッスのメイクをしたまま空港の入国審査カウンターへ行きました。職員から「あなたがパスポートの写真の本人かどうかが判定できない」と言われ、いったん機内に引き返してメイクを落として再び入国審査カウンターに戻り、無事に入国が認められました。ですがまた機内に戻り空港から出る前に、３時間かけてしっかりメイクを施し、ファンの皆さんに素顔をさらすことはありませんでした。

空港の到着ロビーに出ると、大勢のファンが待ち構えていました。空港には私たちの乗用車とお迎え用と２台のリンカーンコンチネンタルが用意されていて、それに乗ってホテルへ向かいました。到着したホテルでは英語を話す人がいなく、私が最初に経験した「こんにちは」は、アメリカ式の手を上げながらではなく、頭を下げて腰を曲げるお辞儀でした。

永島氏とは滞在しているホテルで初めて会いました。そのとき彼は「ようこそ」と英語で挨拶をしてくれました。彼の英語は完璧でした。挨拶の後、彼は私たちに公演に関するさまざまな事柄を丁寧に説明してくれたのですが、「これだったらコンサートは絶対成功するな」と、メンバー全員が確信を持ったものです。

コンサートが幕を開けると武道館はすべて満席。当時、昼食で食べたハンバーガーが５０００円以上した、そんな時代だったと記憶しています。１９７７年の話です。

公演が始まるまでの、空いた時間は観光をしました。京都にも行きました。キッスの化粧をしたまま、いろいろな所に行ったので、ファンに喜ばれましたね。

訪日するまではキッスのメンバーは全員が、日本食を食べたことがなかったのです。永島氏は運ばれてきた、日本食の料理を一つ一つ説明をしてくれました。私たちにとっては、馴染みがなかったり不思議な見た目の料理もあったりしましたが、味はどれもとても美味しかったですね。

私はキッスとしてバンドを組む前は、小学校の教員をしていて6年生を担当していました。日本を訪れてから、日本の歴史に少し興味を持ちました。また当時、日本人のファッションがエルビス・プレスリーのように見えたこと、着物がとてもきれいだったことを覚えています。それに日本の皆さんは、とても親切でした。ゴジラの映画もお気に入りですよ。

永島氏は公演前の限られた時間の中でも、キッスのメンバーにたくさんのことを教えてくれました。それだけでなく、私たちのためにいろいろと働いてくれました。

ほんとうに良い人だった。いつも私のことを思ってくれていましたし、私も彼を家族の一員のように思っていました。

おおらかな性格を持ち、非常に信頼に値する日本人でありました。加えて背が高く心も体のように大きい人でした。永島さんをひとことで表現すると「Big Tats（ビッグ・タツ）」ですね。

ジェリー・モス

Jerry Moss：A&Mレコードの創業者のひとり、プロデューサー

1967年、ハーブ・アルパートとバンドのザ・ティファナ・ブラスが、日本へ招聘されたときに初めて、タツと会いました。彼との出会いはとても印象に残るものでした。当時、ハーブはオーストラリアでは売れていましたが、日本ではほとんど売れていませんでした。そのときタツは無償でプロモートを手伝ってくれたのです。ハーブ・アルパートとザ・ティファナ・ブラスの『ビタースィート・サンバ』（65年リリースの『Whipped Cream & Other Delights』に収録）は、この年の10月2日にスタートした、ニッポン放送の深夜番組『オールナイト・ニッポン』のテーマ曲として、採用されました。

70年代や80年代のころ日本へ仕事で行ったとき、さまざまなレコード会社の代表たちと夕方、会食をしたあとにタツに「今、どこにいる?」「何をしている?」と言ってよく電話をしたものです。タツと会って、その日2度目の夕食を共にして、いろいろな話をした思い出があります。

タツは寛大な男で、彼がアメリカに来たときには、音楽出版社としてのビジネスでしたが、ランス・フリードは大洋音楽と一緒に仕事をするのを楽しんでいました。そして交渉ごとがあるときは、いつもタツが協力してくれました。タツはレコード会社を経営していなかったが、彼と一緒に会社をやりたかったな、と思います。

タツのおかげで、カーペンターズを日本へ連れて行くこともできましたし、81年に『The Dude』（邦題／愛のコリーダ／クインシー・ジョーンズ）が出たときもうまくいったことを覚えています。本当にいいチームワークで仕事ができたと思います。彼の英語は格段に素晴らしかった。私には何人かのメンター（助言をしてくれる人）がいるが、タツは確実にその中のひとりでした。昔、羽田空港の国際線が閉鎖されることがあって、我々は羽田空港から出る最後のフライトで帰る予定でした。しかし、なぜかチェックインカウンターの係員が帰ってしまい、途方に暮れていたらタツが我々を飛行機まで連れて行って、空席を探して「この飛行機に乗れ」と言い、おまけに帰りの飛行機の中で飲むための、大きなワインボトルを用意して見送ってくれました。99年5月、タツのお葬式に西洋人として唯一、弔辞を捧げさせてもらいました。それ以来、日本へは行っていません。確か、彼の葬式には東京読売ジャイアンツの長嶋茂雄監督（当時）をはじめ、千人以上の参列者がいたと思います。彼の功績を考えれば、ふさわしいお葬式だったと思います。

彼がいなくなって、本当に寂しいです。日本には20回以上行っていましたが、誰が重要人物か、今後の見通しなどを教えてもらっていました。タツの印象は永遠に消えることはありません。彼はそういう男です。彼は国という枠を超えて、誰とでも交流できる素晴らしい人間でした。

彼のように東京を案内できる人は誰もいないと思います。日本のエンターテインメント業界で何が起きているのかなどの豊富な知識、情報を惜しみなく提供してくれた特別な男でした。

タツをひと言で表すと〝Transforming〟かな。

ジム・モーリー

Jim Morey：ヤング・アメリカンズのマネージャー兼ミュージックディレクター

私がヤング・アメリカンズを東京に連れて行ったときに、ブッキング・エージェンシーのヘンリー・ミラーがタツを紹介してくれました。当時、私はヤング・アメリカンズのマネージャーとミュージックディレクターを兼ねていました。

タツは協同企画とウドー音楽事務所、両方のコンサートを扱っていました。ウドー音楽事務所にはミュージシャンを米軍の基地内に招聘する仕事を任せていました。彼は誰がどの仕事に向いているかをきちんと把握していたようです。来日当初、ヤング・アメリカンズのコンサートは、ほとんどが米軍向けでした。母国のエンターテインメントは、兵隊にとても受けたからです。同時に1、2回、厚生年金ホールにも出演しました。日本人の間でも驚くほど評判が良く、その後、武道館でも1回公演をしています。こうした仕事を通して、タツと私は親しい友人になりました。

タツからアメリカで一緒にショウ・ビジネスを始めないかと持ち掛けられたことがありました。私はタツに「ショウ・ビジネスはあまり良いビジネスじゃない」と答えましたが、これは内輪のジョークのひとつになりました。

タツと彼のアシスタントだったケイ・リケッツの会話は英語でした。彼女は日本に住んでいるのに、日本語がうまくなかったのです。私が彼女に「いま日本語で何て言ったの？」と聞くと「たいしたことじゃないのよ」といつもお茶を濁されてしまいました。

タツは交渉相手としては難しい人でしたが、公明正大で素晴らしい人でした。ここまではできる、それ以上は無理という線をきちんと引いて話を進めていました。そして、結論が出ると彼が正しいとわかりました。タツと仕事を進めているなかで、ときにはこちらが有利すぎるのではないか、と感じることもありました。しかし、万が一うまくいかないときでも、彼は約束した額をきちんと支払ってくれ、ギャラの受け取りの心配をすることはありませんでした。

タツのお兄さんの英雄とは、思い出深いエピソードがあります。英雄はお酒が大好きでした。「ホテルニュージャパン」のバーで同席したとき、私は英雄にオフィスはどこかと尋ねました。すると彼はいまから案内すると言って外に出て、タクシーに乗りました。彼が運転手に何やら長々と説明すると、やっと走り出しました。近くの道を一回りして着いたのは、いま出たホテルです。すると英雄はまた、同じバーに私を連れ戻しました。そしてひとこと「ここが僕のオフィスだよ」というのです。

私の娘は看護師なのですが、あるとき東京へ仕事に行くことになりました。困ったことがあったら、タツおじさんに連絡するようにと言いました。東京に着いた娘から「日本へようこそ」と書かれたノートが添えられた、大きな花束が届いたと電話が来ました。タツがどうやって彼女の来日を知ったのかわかりませんが、とにかくタツは花束をよく贈ってくれました。タツはいつだってうわべだけではなく、我々が心の底からうれしいと感じることをしてくれました。

また、タツの接待ぶりは素敵でした。あるとき、タツは高価なレストランにランチに連れて行ってくれました。芸術的に盛られた料理は箸をつけるのをためらうほどでした。次の日、お礼の電話をかけた際、昨日のような食事を毎日しているのかと尋ねると、その日の昼食に案内されたのは、庶民的な蕎麦屋でした。彼は本来の自分の姿を僕に見せてくれるために、行きつけの蕎麦屋に連れて行ってくれたのです。

タツはウエスト・ハリウッドにある、ピンクスのホットドッグが好きだとも話していました。そこは人気のホットドッグ屋で皆が行列して買うような店です。お互いに忙しくて会う時間がないときでも、彼はロサンゼルスに来ると、必ず僕に連絡をくれましたが、滞在するのは高級なビバリー・ヒルトンではなく大衆的なホリデイ・インなどが常、ほんとうにつつましい人でした。

ウドー音楽事務所の有働さんともよく仕事をしました。

米軍関係のショウがなくなると、有働さんは「ロックン・ロール」を扱うようになりました。私がマイケル・ジャクソンをプロモートしているとき、ちょっとややこしい状況になったことがありました。有働さんはマイケル・ジャクソンの音楽はロックン・ロールだと言い、タツはポップスと考えていたのです。そのときもタツは、どうにか丸く収めていました。しかし、タツはそれぞれのコンサートをウドー音楽事務所とキョードー東京に割るか、ということに関して苦心していたのではないでしょうか。

ポール・マッカートニーが来日した際、担当していたウドー音楽事務所はバンドの人たちに、空港の税関検査のために荷物は開けられると伝えていました。ポールの耳にも入っているはずなのに、彼の荷物からマリファナが発見され大騒ぎになってしまいました。荷物が開けられることをポールが当然知っていると思っていたので、本当に驚いたそうです。

私がドリー・パートンを手掛けたとき、タツは彼女の広報担当の役割を果たしてくれたことがありました。彼女は音楽のアーティストとしてはあまり知られていませんでしたが、タツがその役を引き受けたのです。彼はドリーの履歴に興味を持ち、ツアーに全部同行してくれました。

マイケル・ジャクソンが来日した際には、タツが彼を原宿のキディランドへ連れて行きました。マイケルは自分には子ども時代がなかったから、いつも12歳の少年でいたいと言っていました。それで彼は財産ができると、自分自身で少年時代をつくることにしたのです。そんなこともあり、彼はキディランドへ行きたがっていたのです。

また、マイケルが日本に滞在しているときに、フライドチキンのようなものがどうしても食べたい、と言いだしたことがありました。ところが、日本ではそれは入手できないということでした。それを耳にしたタツが2時間後に、マイケルの宿泊するキャピトル東急ホテル（現・ザ・キャピトルホテル東急）に、そのチキンを持って訪ねてきたのです。シェフに特別に作ってくれるよう、タツが頼んだに違いないと思っています。

マイケルは学校にはほとんど行けなかったので読み書きについては独学でしたが、読書が大好きでした。そんな彼にタツは美しい絵がたくさん描かれた本を用意してくれていました。

ハービー・ゴールドスミス

Harvie Goldsmith：プロモーター

私とタツの初めての出会いは、１９７０年代の終わりにブラック・サバスやディープ・パープルのプロモーターとして、彼らを日本へ連れて行ったときだと記憶しています。タツと有働誠治郎さん（ウドー音楽事務所の創業者）とは、コンサートツアーを通して親しくなりました。

アーティストを連れて何度も訪日をしましたが、毎回有働さんと仕事をして、そこにはいつもタツがいました。タツはジャズ関連をはじめ、海外からアーティストを招聘し興行をする、というビジネスを日本で築いてきた人物です。

私が当時、イギリスで展開していたような音楽ビジネスを、タツは日本でもつくり上げようとしていたので、お互いによく情報交換をしていました。ビジネスだけではなく、タツの息子のジョージ（譲二）が車のデザイナーとしてヨーロッパに来て、ＢＭＷで働き始めることになったので、そうしたプライベートの話でも頻繁に連絡を取り合っていました。

さらに私たちの友情を深める、ある出来事が起こりました。私がポール・マッカートニーを日本へ連れて行ったときのことです。その際にさまざまな問題が起こったのです。大変苦労をしました。

このときもタツと有働さんが問題を解決するために、それこそ各方面を駆けずり回って助けてくださったのです。

タツは正真正銘の素敵な人でした。とても穏やかで表舞台に出るよりも、舞台裏でいつも一所懸命に働いていたことを覚えています。それに世界中の音楽業界で彼の知名度は高かった。彼を知っている音楽業界の人は、彼に対して敬意を表していました。彼が日本の戦後の新たな音楽ビジネスを構築した、という特別な功績を皆が認めており影響力もある人でした。

彼との思い出といわれても彼はとても静かな人でしたので、いわゆるロックン・ローラーのような派手なエピソードはありません。ビジネス上での彼の仕事ぶりは、オーガナイズされていてとても効率がよく、何ごともスムーズでした。彼は実行力があり、私たちがアーティストを連れて日本に到着すると、すべてのことが完全に整っていたので、何も心配することはありませんでした。

彼に対しては音楽業界特有の派手なエピソードはなく、きちっと仕事をしてくれた人という印象しかありません。彼は紳士の中の紳士でしたし、自分のやっていることに誇りを持っていました。また、素晴らしい会社を営んでおり、私たちとのビジネスをきちんと遂行してくれたことが何よりでした。初めてイギリスから日本へ来たときは、右も左もわからず不安だったものです。でもタツがしっかりと面倒を見てくれたので、ほんとうに安心でした。だから日本ツアーはとても楽しめました。

プライベートでも家族思いで、息子たちに対して誇りを持っていました。いま彼のことを思い出しても、とにかく「いいヤツ」だったということにつきますね。

タツをひとことで表すなら「ミスター・ジェントルマン」以外には、ないと思います。

キース・ハリス

Keith Harris：レコードプロデューサー、ソングライター兼ミュージシャン

タツとの交流のなかで、とても印象に残っていることが二つあります。

ひとつは１９８０年代後半から90年代前半に、あるアーティストの仕事で訪日したときのことです。数日間の予定で日本に滞在していたので、タツにひとことあいさつをしておこうと電話をしたところ、「明日、一緒にランチでも取らないか」と誘ってくれたのです。

私は当時、タツが松下電器産業（現・パナソニック）のＭＣＡ社（アメリカの総合エンターテインメント企業）の買収に関わっていて、ひどく多忙であることを知っていました。遠慮がちにしていたら、タツは「時間をつくるから」と。私が「何時にどこに行けばよいか」と、聞くと「いいよ、僕が13時にキースが滞在しているホテルに行くよ」と言うのです。忙しいのに申し訳ない、と思いながらも断りきれずにＯＫしました。

翌日、時間より少し早めにホテルのロビーで待っていると、約束の時間の10分前にタツのアシスタントから電話がかかってきました。私はてっきり「いま関わっている案件が長引いて、どうしてもランチを一緒にすることができなくなった」という断りの電話だろうと考えました。

ところが「申し訳ございません、永島は３分ほど約束の時間に遅れます」という伝言だったのです。その後、タツはまさに13時３分過ぎにホテルにやって来ました。そして楽しいランチを過ごせ

たのは、言うまでもありません。そのうえ食事をしながら、いろいろと貴重なアドバイスまでもらうことができました。

このエピソードはタツの人柄を象徴しています。まず彼は、人と会うためにはどんなに忙しくても時間をつくり出します。たとえ特別な仕事の約束があるわけでもなく、たまたま別件で日本に来日していたとしてもです。そのうえ、たった数分でも約束の時間に遅れるとなると、必ず電話で律儀に連絡してきます。

タツはそんな、とてつもなく素晴らしい人でした。

当時音楽業界の中でも、まだ若手であった私に対して、長年にわたって数々の業績を残してきた彼が、こんなにも愉快で謙虚であるとは信じられないことでした。

もうひとつ印象に残っているタツとの思い出は、81年にスティーヴィー・ワンダーがスペシャルゲストとして、東京ミュージック・フェスティバル（東京音楽祭）に招待され、共に来日したときのことです。

滞在中は一緒に豪勢な食事にいきました。当時、日本は景気が上昇していたころだったので、すべてのものが我々外国人にとって高価でした。ごちそうしてもらうのに気が引けていた私は、「少しでも食事代を出させてほしい」と申し出ました。するとタツは「心配しないで、そのお金で小さい車でも買ってくれ」と笑いながら言うのです。

本当に彼は素晴らしいユーモアのセンスの持ち主でもありました。

トーマス・ヨハンソン

Thomas Johansson：プロモーター、ABBAのツアープロデューサー

タツとはABBAの音楽出版元であり、レコード会社のトップであったシグ・アンダーソンを通じて知り合いました。当時は数多くの日本のプロモーターが、日本にABBAを招聘したがっていました。アメリカのABBAの代理人で、友人であるシェリー・シュルツの強い推薦もあり、タツと会うことにしたのです。

初めてタツに会ったのは、ロンドンで行なわれていたABBAのコンサート会場。彼の印象は冷静で落ち着いた雰囲気のある本当に素敵な人でした。日本でツアーを行なうにあたり、何をすればよいのか、何回コンサートするのか、などさまざまなことを話し合いました。

そして、彼とストックホルムに移り、引き続き話し合いを行ない再びロンドンへ戻りました。ウェンブリー・アリーナ（現・SSEアリーナ・ウェンブリー）でABBAのコンサートが開催されていたのですが、そこでタツと最終的な契約内容の合意に至りました。

タツと私には「歴史」という共通の趣味がありました。ミーティングが終わった後に、タツ夫妻への贈り物として10キロもする約300年前のベルタワー（食事の時間や火事を知らせるベル）をプレゼントしました。

その後、タツも日本でのツアーが終わったときに、私と妻がいるホテルに、タツ夫妻が漆塗りの

箱に入った3領の甲冑を持ってきてくれました。さすがに、その甲冑には圧倒させられました。3領の中のひとつを選びましたが、甲冑は刀を除いた鎧と兜一式、17世紀の終わりから18世紀のもので弓が付いていました。

あまりにも素晴らしいものだったので、お金を払わなくては受け取れないと言うと、彼は「そうだね。じゃ1000ドルで」と答えました。それが私への贈り物でした。

実は、この話には続きがあります。プレゼントしてくれたとき、タツは「これはあなたの家を災いから守ってくれる甲冑だよ」と言っていました。

甲冑はサムライに因んでサム（Sam）と名付けて、いまも私の家に住んでいます。タツが言うように、この甲冑が我が家に来てから泥棒に入られたことはなく、悪いことは一切起きていません。私の家の書斎にいまも置いてあるので、見るたびにタツのことを思い出します。

1980年のABBAの日本ツアーはとても大変で、タツがいなければ成功しなかったと言えるでしょう。実はこのツアーの2カ月前にポール・マッカートニーが来日した際に、大麻所持により空港で逮捕されたという事件がありました。そのため我々が日本へ入国する際、空港の税関を通ることがひと苦労でした。でも、タツがずっと付き添ってくれたおかげで、なんとか無事に税関を通ることができたのです。

最後にもうひとつ彼にまつわる面白い話があります。この日本ツアーにはTシャツや本など、オリジナルの関連グッズを持っていって販売していました。

普通はコンサート会場のまわりに、偽物や海賊版を売っているお店などが出るものですが、武道館の周辺にはまったくなかったのです。

武道館以外にも、東京から1時間半から2時間ほど離れた町の、当時完成したばかりの会場でコンサートを行ないました。そこへバンドと一緒に行くと、会場のまわりに何百ものお店があり、あらゆる偽物の関連グッズを売っていました。

私は当然それらの店へ行って「グッズを売るな」と注意しましたが、すぐに後悔することになりました。注意し終わり振り返って歩き出すと、店主たちがいきなり私めがけて石を投げてきたのです。ひとつでも当たったら命に関わるような、かなり大きな石で、私はあわてて逃げ出しました。

タツは会場の入り口のドアのところで、笑いながら待っていました。私が「なぜ笑うんだ」と聞くと、タツは「言うのを忘れていたが、実はツアーの前に偽物や海賊版を売る人たちに、東京では決して売らないでほしいと頼んでいて、その代わりに東京以外ではご自由にどうぞ、という約束をかわしたんだよ。その方が正規品の売り上げが増えるんだ」と答えたのです。

私は「そうなんだ、ありがとう。でも、もっと早く教えてくれても良かったんじゃないか?」と言うと、「これで勉強になっただろう」と笑いながら言うのです。

私は当時まだ32歳の若輩者だったので、本当にいい勉強になりました。それ以降、数々のアーティストのプロモートを行ないましたが、偽物や海賊版を売っているお店に注意することは二度とやめましたよ。

フローレンス・チャン

Florence Chan：プロデューサー。FUN ENTERTAINMENT社長

タツさんは私の啓蒙の師であり、尊敬に値するジェントルマンです。1970年代に私がキャピタルアーティストに入ったばかりで秘書をしていたころ、チェアマンのエンジェル・ユーさんを通じて知り合いました。エンジェルさんとタツさんは、とても良い友人でした。

70年代、外国人アーティストのほとんどが、香港はアジアの小さい漁村だと思い込んでいました。とても狭い地域で、市場としても小さかったため、外国のアーティストが香港に来ることはあまりありませんでした。

しかし、タツさんを通じてユーさんが、香港に海外アーティストを招聘することができたのです。ユーさんが早逝されたので、私が跡を継ぎお仕事をさせていただきました。

タツさんは、外国の有名アーティストたちとマネージャーを引き合わせてくれ、私は幸運にも彼らを香港に呼んでコンサートを開くことができました。

タツさんが初めて香港にいらしたのは、80年代初頭で、日本の音楽出版社9社を連れてきてくださいました。当時の香港には、音楽出版の考え方がほとんどなく、版権や権利についても非常に疎くて、無法地帯でした。

タツさんは、音楽出版の会社をつくることを強く勧めてくださり、私がその版権会社を引き受け

ることになりました。音楽出版の考え方、ビジネスの仕方など多くのことを教えてくれました。

それにより、たくさんの日本の曲が香港の歌手によって北京語や広東語といった現地語で歌われるようになりました。それらのカバー曲がヒットすることにより、日本の原曲アーティストたちも香港で歓迎されはじめ、コンサートを開くようになったのです。

タツさんから教えてもらった方法で楽曲を輸入して、香港でビジネスとして成功させることができたのです。多くの中華系アーティストの曲がヒットする礎となり、世界中の中華系の人たちに影響を与えました。中華系社会では、中華系アーティストの存在は、とても大きいのです。でも誰もその背後にいた立役者の存在を知らなかったのです。その人こそが、ミスター・タツなのです。

タツさんが香港で切り開いた仕事が、香港の音楽の歴史を一変させました。彼は、まるでひとりの音楽文化大使のように、多くの音楽を全世界に持ち出しました。

タツさんはすでに、日本でたくさんの外国のアーティストを招聘してコンサートを開き、世界のアーティストたちと良い関係を築いていました。アーティストたちとの付き合い方は、とても素晴らしく、誰にでも温かく接して面倒を見るタツさんの姿は、私にとってはお手本のような人でした。

タツさんは、とても心の優しい人で、怒っているところを見たことがありません。後輩たちに、仕事の仕方や姿勢を自ら示していました。音楽ビジネス業界では最初で、最後の恩師です。

タツさんは、多くの海外アーティストに、「香港に行くのならフローレンスさんに会いに行くといい」と言ってくださり、たくさんのアーティストが香港に来た際には、私を訪ねてくれました。

日本に行くとタツさんがすべて通訳してくれたので、私が日本語を勉強する機会は失われました。

私はいつでもタツさんの教えを胸に刻んで仕事をしています。困ったことがあると彼が口癖のように言っていた「Never be afraid to lose a deal（取引に失敗することを決して恐れてはいけない）もし恐れていたら、それは悪い取引を招く原因になってしまう。結果として、傷つくのは君自身だよ」という言葉を思い出します。私はこの言葉を印刷した置物をデスクに飾り、いまでも毎日見ています。

私が日本に訪れた際に、奥様の泰子さんも一緒にお食事をしていたので、親交がありました。

１９９９年5月2日にタツさんが亡くなり、その後しばらくして、奥様のいる成城の家を訪ねて、ご一緒にタツさんのお墓がある金沢八景の龍華寺にお参りして、食事をしたことがありました。

奥様は英語が、私は日本語ができないので簡単な英語とボディーランゲージでお話をしました。

香港に戻ってから、ドイツに住む息子さん（譲二）から電話があり、奥様がとても喜んでいたと伝えていただきました。その後２０１５年1月に泰子さんも他界されています。

タツさんの最も尊敬するべきところは、人にものを教えるときの姿勢です。彼は何かを教えるのに、一度も見返りを求めたことがありません。すべての知識を分け与え、教え、答えをくれました。世界中を探してもこんなに素晴らしい人はいないでしょう。日本だけではなく、世界中を仕事場としていて、東アジア全体に多くの影響を与え、たくさんの仕事をしていました。

タツさんは偉人のひとりです。そしてタツさんは「無名の英雄」だと思っています。

Kyodo Kikaku Productions

PRESIDENT: TATSUJI NAGASHIMA

ADDRESS : CPO BOX 1152 TOKYO
CABLE : KYODONAGA TOKYO
T E L : 403-0351 (ADMIN. OFFICE)
541-4011 (BOOKING OFFICE)

June 19, 1964

Mr. Neil Rocke
Stramsact Limited
79a Warwick Square
London, S.W.1.

Dear Mr. Rocke:

I have been inquiring for several months as to the rights in Japan for the marketing of Beatles products other than records and, in fact, have written to Mr. David Jacobs but have received no answer from him.

Recently, I received a letter from Mr. S. Stern, Export Sales Production Manager of E.M.I., giving me your name and address.

As to our references, I believe the distributors for E.M.I. in Japan (Toshiba Records) will vouch for us.

I am not a manufacturer and, therefore, if you give me the rights to the Beatles products, I will, naturally, ask other makers to produce the Beatles products for us but we will do all the promotional work as far as the products and the Beatles themselves are concerned.

The Beatles are not causing the sensation that they are causing elsewhere and I believe that the main reason is that the record company alone can only do so much promotional work. The mass public has not caught on to the Beatles yet as they have in the United States and Europe.

I would appreciate an answer from you regarding the above as soon as possible.

Sincerely yours,

KYODO KIKAKU PRODUCTIONS

Tatsuji Nagashima

TN/kr
cc: Mr. S. Stern
Mr. Warren Birkenhead

有限会社 協同企画 東京都渋谷区穏田1丁目90番地
東京中央郵便局私書函 第1152号

「ストラムサクト」への手紙
（提供：キョードー東京）

オリンパスペンでビートルズ公演を撮る（撮影：中川満）

第4章

『ビートルズがやって来た』来日の真相

ビートルズ招聘に向けて

海外のアーティストに、「ビッグ・タツ」と呼ばれていた永島達司。彼にとっても、日本のポピュラー史にとってもビートルズ日本公演は最も重要な出来事だった。

あのとき、何があったのか、公演に至るまでの出来事、公演の舞台裏をいま一度振り返ってみよう。

ビートルズが日本にやって来て、羽田空港に到着したのは1966年6月29日午前3時39分。翌30日に第1回公演、7月1日・2日にそれぞれ2公演、計5ステージをつとめた。3日午前10時38分には日本を離れ、次の公演地であるフィリピンへ向かうという慌ただしいものだった。わずか約103時間という短い滞日だったが、言うまでもなく、その後の日本に与えた影響は計り知れないものとなった。

ビートルズ公演のチケットの発売は6月10日、読売新聞社による正式発表は4月27日に行なわれた。発表は永島が契約書にサインをした4月26日の翌日だった。さらにさかのぼると、永島がロンドンでブライアン・エプスタインと交渉を行ない、内定したのが3月25日、海外ツアー担当のヴィック・ルイスから永島宛に日本公演に関する打診の電話があったのが3月14日で、イギリスの『ニュー・ミュージカル・エクスプレス』(以下〝NME〟)が訪日の第一報を伝えたのが3月4日である。だが、ビートルズ来日への働きかけはこれよりも前から行なわれていた。そして永島も、かなり早い時期からビートルズ招聘に向け動いていた。

ビートルズが「ラヴ・ミー・ドゥ」でデビューしたのは62年10月5日。63年1月にリリースされたセカンド・シングル「プリーズ・プリーズ・ミー」が1位になって以降、イギリスでの人気は日を追うごとに高まっていく。各地で起こるファン騒動は『ビートルマニア』と呼ばれ、社会現象になっていった。

イギリスでのビートルズ騒ぎは日本にも届いていて、63年11月10日の『朝日新聞』夕刊をはじめ、日本のメディアもその尋常でない熱狂ぶりを伝えている。もっとも、このときはまだビートルズのレコードは日本で発売されていない。FENなど一部のラジオで流されていただけであり、彼らの音楽を聞いたことのある者は少数で、ビートルズはまず社会現象として日本に入ってきた。

翌64年2月、日本におけるデビュー・シングル「抱きしめたい」が東芝音楽工業（以下〝東芝音工〟）からリリースされた。しかしデビュー・シングルとその発売日については諸説がある。このときビートルズは初のアメリカ訪問中で、人気テレビ番組『エド・サリバン・ショー』出演のほか3回のステージを行ない、あっという間に全米を手中に収めてしまった。訪米の模様は日本で報じられて、テレビには熱狂するファンの姿が映し出されていた。

4月15日に日本のデビューLP『ビートルズ！』が発売、8月に初主演映画『ビートルズがやって来る　ヤァ！ヤァ！ヤァ！』が公開されるなどして、日本での人気も右肩上がりとなっていった。

65年6月にイギリスでビートルズのMBE叙勲（大英帝国勲章）が発表されると、再び日本のメディアは広く報じ、この授章を契機にビートルズは日本国中に拡散するようになる。曲は聞いたことがなくても、バンド名と前髪を垂らしたおかっぱ頭というルックスは、広く日本中で知られるようになった。折しも世間はエレキ・ブームの真っただ中。ベンチャーズの『パイプライン』の出だしのリズム、「テケテケテケ」はエレキの代名詞となり、ビートルズもその同類として捉えられていた。そして翌66年にいよいよ来日……というわけである。

永島がいつごろからビートルズに着目していたかを示す明確な記録や証言はない。だが、63年後半には招聘候補に挙げていた可能性が高い。

『女性セブン』１９６４年3月25日号には次のような一節がある。

《昨年十一月、ロンドンへ行って彼らの人気にびっくりした渡邊美佐さん（渡辺プロ副社長）は、こう語る。「意外に清潔で、健康的。あくどい性的アッピールはありませんね。歌もロックンロールとちがって、リズム・アンド・ブルース調で、民謡的な楽しさ、親しみやすさがあります。私は今、日本招聘を企画中です」》

渡邊は永島とビジネス上きわめて親しい関係にあった。そもそも彼女は、永島がジョンソン基地のオフィサーズ・クラブでＪＮマネージャーをしていたころからの古い知り合いだったのだ。

そんな渡邊と永島との間で、ビートルズに関するやりとりがあっただろうことは、間違いない。

ナベプロが企画中だったというビートルズ日本招聘には協同企画も思惑があっただろう。

これとほぼ同時期に、他のプロモーターもビートルズを狙っていたことを示す記事がある。

《欧米で人気をさらっている男声コーラス・グループ「ザ・ビートルズ」一行の来日のうわさがある。ザ・ビートルズのマネジャー、アーサー・ハウス氏と関係のある新日興行との間に話が持ち上がったもので、5月に決定したオーストラリア公演の直前にスケジュールが許せば日本へ立ち寄る予定という》（『東京中日新聞』64年3月18日）

「アーサー・ハウス」は、実際はアーサー・ハウズが正しく、イギリスでツアーを取り仕切っていたプロモーターである。ここにある通り、ビートルズは64年6月12日から30日までオーストラリアとニュージーランドで公演を行なっている。月こそ違がえど、かなり正確な内容である。新日興行が狙っていたというのも確度の高い情報だったと思われる。

永島がビートルズ側と接触を図った内部資料が存在する。ビートルズの商品化権獲得および日本でのプロモーションについて、ストラムサクト（ビートルズ関連商品のライセンス管理会社）宛に出した手紙の実物だ。日付は64年6月19日。送り先のニール・ロークが引退する際、書類整理したときに見つかった。手紙は永島の会社に戻すのが望ましいとなりキョードー東京へ返還された。

ストラムサクト（有限責任）社
ニール・ローク様
私は、ここ数カ月、ビートルズの日本でのレコード以外の製品のマーケティングの権利に関して問い合わせて（要求して）、さらに、デイビッド・ジェイコブス氏にも書面をお送りしていますが、（いまだに）彼からは何の返答をいただいていません。
先日、ＥＭＩの輸出部門営業担当プロダクションマネージャーのＳ・スターン氏から手紙を受け取り、貴殿のお名前と住所を教えていただきました。
なお、弊社に関しましては日本のＥＭＩの卸売業者である東芝レコードが保証していただけるのでご安心ください。
我々（弊社）は製造業者ではありません。従って、もし御社が弊社にビートルズ関連製品の権利を与えてくだされば、ビートルズ関連製品の生産は他のメーカーに依頼することになります。その代わり、ビートルズ及び関連製品のすべてのプロモーション活動は、私どもが行ないます。
ビートルズは世界中、いたるところでセンセーションを起こしていますが、日本ではまだそれほどではありません。その原因はレコード会社だけでは充分な宣伝活動を行なうことができないからだと思います。そのため日本ではアメリカやヨーロッパほど（ビートルズは）大衆に受けいれられていません。（これを変えるためにぜひ弊社にマーケティングの権利を与えてください）
できる限り早くお返事がいただけるようお待ちしております。

東京都渋谷区穏田1丁目90番地
有限会社協同企画
社長 永島達司

文面の通りライセンス獲得のため、事前にエプスタインの弁護士デイビッド・ジェイコブスに連絡していたことや、ＥＭＩのスタン・スターン（65年6月の星加ルミ子による単独会見のキーパーソン）との接触を図っていたことが、この手紙からわかる。日本でビートルズ人気がいまひとつなのは、東芝音工単独ではプロモーションが十分に行なえないからであり、協同企画が力になりたいと述べている。永島が、ビートルズ招聘に向けてかなり注力していた様子が伝わってくる。

このとき東芝音工の専務だった石坂範一郎は永島が慕っていた人物である。長女の石坂邦子は、永島が石坂をよく訪ねてきていたと語る。

「当時私たちは渋谷区の隠田（現在の神宮前5丁目、6丁目付近）に住んでいました。父は自分が表に立って目立つことは好きではありませんでしたが、クラシックについてはとても見識があったので、山田耕筰先生や、作曲家の芥川也寸志先生・團伊玖磨先生・黛敏郎先生の〝3人の会〟の方々などがよく父のところに来てくださっていました。

そんな中、タツさんは毎日のように父のところにいらしていました。タツさんは、何人か出入りされていた方々の中でも特に父を慕ってくださっているようでした。なんでも相談されていましたし、まるで親子のような関係に見えましたね」

そんな永島の姿を見ていた彼女は、ビートルズ招聘について興味深い発言をしている。

「タツさんの持っている繋がりの多くに、父の人脈が役立っていたと思います。ビートルズも、呼んでほしいとタツさんが父に相談をされたというように記憶しています。タツさんがどうしても呼びたいと言っていて、父が『1年以上かかるかもしれないけれどもやるか?』と聞いたところ、タツさんは『それでも構わない』と、おっしゃっていたようでした。

父は、呼べるかどうかというようなことには勘が良かったようです。縁戚である石坂泰三の助力もありましたし、語学が堪能でしたので、海外の有力者ともやりとりしていました。そのため各所にコネクションがあり、ブライアン・エプスタインとも親しい仲でした。父はイギリスの歴史にも造詣が深い人間でしたので、すごく気が合ったようです。それで、父がルートを敷いて、タツさんが動かれたというわけです」

永島が石坂にビートルズ招聘の依頼をしていたというのだ。そして、石坂がお膳立てした後にバトンを受け取り、実務を担当したのだという。邦子によれば〝石坂が取りまとめて永島に渡す〟という図式はさして珍しいものではなかったようである。

「父は元々よけいなことを一切話さないタイプで、(永島との仕事について)誰にも話しませんし、家でも多くは話さなかったですが、チラチラと聞くところではこれ以外にもいろいろとタツさんと組んで仕事をしていたようで、いつも行動を共にしているという印象でした。家の外でも会っていた様子ですので、週に1、2回は一緒だったのではないでしょうか。『こういう話が来たからタツに預けよう』という確固たる信頼関係ができていたのだと思います。ですから、父の名前が表に出ていないものでも、実はふたりの共同プロジェクトは多かったように思います」

永島がビートルズ招聘の依頼をした時期は不明ながら、先のメディア報道にあった国内プロモーターの動向などを踏まえると、遅くとも1964年春ごろまでには何かしら伝えていたように思える。先のストラムサクト宛の手紙からも窺えるように、商品化の権利を通じて永島はビートルズ側にコンタクトを試みたのかもしれない。

しかしビートルズは自分ひとりの力ではどうにもならないことを永島はかなり早いタイミングで知っていたはずだ。だからこそ、ビートルズの国内発売元だった東芝音工の実質的創業者であり、専務だった、師と仰ぐ石坂を頼ったのだろう。

永島は石坂に全幅の信頼を寄せ、深い尊敬の念を抱いていた。邦子は、80年4月に範一郎が逝去したときの永島をよく覚えているという。

「父が亡くなったとき、タツさんは海外出張中でいらして、高野山別院での葬儀には間に合いませんでした。タツさんが日本に戻って家にいらしたときには号泣されて、それこそバケツ2杯の涙といっても言い過ぎではないほど泣かれていました。それほど父を慕ってくださっていたんでしょう。それを見て私も母も感涙しました。ふたりの結びつきはすごく強かったということを感じましたね。『なぜ僕が居ないときに死んでしまったんだ』と嘆いていらっしゃるのを見て、タツさんの父に対する思いの強さには私たち親子以上のものを感じました」

東芝音工、水面下の動きと根回し

1964年2月のデビュー・シングル以降、東芝音工は次々とビートルズのレコードをリリースしている。この年に発売されたタイトル数はシングル13、EP2、LP3とかなりの量だ。このことからも、ビートルズは〝出せば売れる〟状態だったことが想像される。

東芝音工の昭和39年度上期（第8期。64年4月1日〜9月30日）決算は、目標の10億円を大幅に上回る14億円の実績。同年9月19日付の電波新聞によると、この要因のひとつはビートルズが金額にして4億円（LP、EP合計100万枚）近くを売り上げたことであったという。売り上げの3割弱をビートルズが占めていたことになる。

これを受けて東芝音工はビートルズにゴールド・ディスク贈呈を決定。65年1月12日に東京ヒルトンホテル（ビートルズ来日時に宿泊したホテルである）で贈呈式を行なった。ビートルズのメンバーもエプスタインも不参加だったが、代理として英EMIのJ・G・スタンフォード海外部長、米キャピトル・レコードのL・W・ダン副社長が出席した。

これはビートルズ招聘に向けて、石坂が取ったパフォーマンスのようにも思える。当時、外国アーティストにゴールド・ディスク（GD）を贈呈するという行為はかなり異例のことだった。

《日本からこのGDをもらったのは、コニー・フランシスとビートルズだけ》（『女性セブン』65年2月3日号）という記述がそれを裏付けている。永島からビートルズ招聘の相談を受けた石坂が、エプスタインにアピールするとともに、英米レコード会社の要人を通じて先方と強固な関係を確立しようとしていたことが窺える。

65年は東芝音工創立5周年、東芝としてはレコードの販売を開始して10周年に当たる年だった。これにともない、東芝音工は全社あげての拡売施策と記念行事に力を入れる方針としていた。石坂はこれを絶好のチャンスと考えていたのだろう。ゴールド・ディスク贈呈の際、英米レコード会社首脳陣に対して次のような申し入れを行なった。

《今年は東芝がレコードの商売をはじめて十周年だから、その記念行事として、ぜひビートルズを日本に呼びたいという話が、東芝側の重役から、先方の重役に伝えられた》（『ポップス』65年2月号）

贈呈式から約1カ月後の2月16日。この極秘プランが『日刊スポーツ』にすっぱ抜かれる。『ザ・ビートルズ今秋来日？　東芝、実現に力コブ　一足早く「交渉文書」届く』という見出しの独占スクープであった。

《イギリスのコーラス・グループ、ザ・ビートルズを招聘するプランが極秘裏に進められている。（略）このグループの人気はすさまじく、（略）人気に目をつけた日本のプロモーターから盛んに彼らの招聘工作が続けられてきた。昨年も春から夏にかけてザ・ビートルズがニュージーランドまで公演に来た際に日本に呼ぼうという働きかけが行なわれた事実があるし、以降、大げさにいえば日本のプロモーターがすべて働きかけて、その交渉文書だけで九件にのぼっているという。（略）

現在、このグループ招聘に動いているのは多いが、中では彼らのレコードをすべて日本で発売している東芝音楽工業が最有力視されている。しかも同社はことしの十月一日エンジェル・レーベル（英ＥＭＩ社所有）日本発売十周年記念、東芝音楽工業発足五周年記念を迎えて、各種記念行事を立案中で、この一環としてザ・ビートルズの招聘を強く働きかけているので、もしザ・ビートルズ招聘が実現されれば同社の手になる公算が大きい》

1月贈呈式以降、水面下で着々とビートルズ来日プランが進行していたことがわかる。記事には石坂のコメントも載っていて、ビートルズ側と交渉を始めたことを認めている。

《招聘できればいいとは思っているし、また交渉を始めたことも事実だ。だが、実現できるかどうかは何ともいえない。八月末までは、彼らのスケジュールがつまっているから、もし実現できるとしてもそれ以降になるだろうが、呼びたいということと、実現性があるということとは別問題だ》

この少し後には次のような記事も見られる。

《東芝レコードが昨年末からビートルズを招く計画を進めている。東芝ではビートルズのレコードを発売してから満一年になるが、これまで三百万枚をこえる売り上げをみせ、同社のドル箱的存在となっており、彼らの専属会社という有利な立場から話を進めている。同社の石坂範一郎取締役は「秋には日本公演を実現させたい。ファン・クラブが積極的に動いてくれれば交渉も早く進むだろう。（略）日本公演の可能性はじゅうぶんだ」と語っている》（『東京中日新聞』65年3月5日）

こうしたことを踏まえると、石坂が永島からビートルズ招聘の相談を受けた後、具体的な行動を開始したのが１９６４年末ということになる。

《東芝音楽工業、東芝音楽芸能出版をはじめ、民間のファングループなどが競って、世界の人気もの〝ビートルズ〟の招聘計画をすすめているが、最有力の東芝では今秋を予定し「何としてでも実現したい」と、石坂専務は強調している。東芝の企画では、ことしで創立五周年をむかえ、この記念行事としても、ビートルズの招聘は打ってつけ。

石坂専務を交渉の選任者として、ビートルズのブライアン・エプスタイン・マネージャーとの連絡を続け、ＥＭＩの協力もえて日本公演に本腰だ。だが、一番の難関は彼らのスケジュールからくる制約と、条件などから、交渉が長びくことは必至。
石坂氏によると10月のうち3日間滞在で東京が2日間1日2回興行、会場は7千─1万人収容ということから東京都体育館、武道館などを物色、入場料も千円から三千円の三段階制、公演日も対象ファンを考え、土、日曜といった内容ですすめており、エプスタイン氏も「希望にそうよう努力する」とかなり協力的らしい》(『スポーツ毎夕新聞』1965年3月26日。原文のまま)

3月下旬時点で、かなり具体的なところまで検討が進んでいたことがわかる。同時期に『ポップス』65年5月号も《すでに、原則的に英EMI社との諒解はとりつけて、後は、ギャランティ、スケジュールなど細部の工作を待つだけとなっている。これは東芝音工の石坂専務と話している時に出た話題》と伝えており、ほぼ内定状態だったようだ。

当時の石坂のスケジュールには、7月11日から8月5日まで、イギリス・オランダ・ドイツ・フランス各国を回る海外出張が組まれていた。これまでの流れから、その目的のひとつに日本公演に関するビートルズ側との事前調整があったことは明らかだ。

取りやめか、来日か！

だが突如、10月来日の話は飛んでしまう。これについて『日刊スポーツ』は6月13日に、《東芝音工は、ことし十月にビートルズの招聘を計画、ザ・ビートルズのマネジャー、ブライアン・エプスタイン氏と文書による連絡をつづけてきたが、スケジュールが折り合わないため、招聘時期を来年三月ごろに延期した》と伝えている。

石坂本人も、《できることなら、今年の十月に呼ぼうとも思っていましたが、彼らのスケジュールからいって無理なのです。そこで来年には何とか実現させたい、という願いはあります。でも、すべては会ってみてからでなければわかりません》（『ヤングレディ』6月14日号）と語っており、石坂の渡欧前に10月の線は消えていた。

これ以降、来日報道は鳴りをひそめてしまう。だが、石坂の出張はもちろん予定通り行なわれた。アメリカの『ビルボード』8月21日号には、石坂がイギリスのEMIを訪問したときの写真が掲載されている。そこには、著作権部門担当のB・J・ドッカリー、海外プロモーション部門マネージャーのS・スターン、輸出部門マネージャーのA・M・スミスら3人と笑顔でファインダーに収まる石坂の姿がある。

立ち消えになったかに見えるビートルズ来日だが、年末に次のような小さな記事が見られる。

《ビートルズ・ファンへ朗報を一つ。アメリカのキャピトル・レコード会長とイギリスのEMI会長が東芝レコードと話し合い、来秋、ビートルズを日本へ派遣すると決定した。もっとも、公演形式は一回一時間半でビートルズの実演は二十五分に限定するというかなりきびしいもの》（『デイリースポーツ』12月29日）

これは他には見られず、ソースも不明なのだが、デマだと一蹴できないほど具体的な内容だ。後に述べるが、1966年3月にEMI会長のジョセフ・ロックウッドが来日した際、〝11月にビートルズに会ったとき、8月に訪日予定であると聞いた〟と語っており、タイミング的に一致する。仕切り直しの来日スケジュールはこのころに内定したようだ。そしてこれが、冒頭で触れた66年3月4日の『NME』報道へと繋がる。

東芝音工が下したのは

3月4日付『NME』が報じたのは、〝Brian Epstein outlines this year's plans – BEATLES TO TOUR JAPAN,U.S,GERMANY-BRITAIN〟という見出しの記事。エプスタインの談話を元にしたもので、ビートルズが夏に初の日本公演を行なうこと、あわせて4度目の北米ツアーと、ドイツ公演を行なうことが伝えられた。記事の中でエプスタインは「日本公演とドイツ公演はおそらくアメリカの前になるだろう」と語っていて、6月が濃厚であるとしていた。

これが外電で日本に伝わると、読売・朝日・毎日の三大紙は4日夕刊で一斉に報道。翌5日にはスポーツ各紙が伝え、ファンの間で大きな話題となった。

既述の通り、3月14日には永島にNEMSの取締役ヴィック・ルイスからの電話が入る。

電話の趣旨は、《エプスタインが、日本へ行きたいといった。公演をあっせんする日本のプロモーターを、君が引き受けてくれないか。都合が悪ければ、誰かを紹介してほしい》というものだったとされる（『話の特集臨時増刊　ビートルズ・レポート』／竹中労編／日本社）。

これをさかのぼること10日前。3月4日の来日報道を受けて、日本の某新聞社の特派員がエプスタインにその真偽のほどを聞いたところ、エプスタインから《ああ、行くよ。プロモーターはまだ決めてない。が、日本にはタツ・ナガシマという興行師がいるそうだね》という回答を得ていたという情報がある（『週刊現代』6月30日号）。イギリスのEMIから永島のことを聞いていたエプスタインが、ルイスに電話を指示したということだろう。

なお、当初エプスタインはプロモーターを通さず、自主興行を目論んでいたというのが定説だ。

当時、協同企画で実務に当たっていた石黒良策も、「何しろビートルズを呼ぶときに、ブライアン・エプスタインは直接やろうとしていたんですよ。アメリカにしても彼が全部やっているわけですから。ところが日本の場合には法務省や日銀など、許可が通らないとできないのです。ですから、日本人じゃないと興行が認められないんです。それで結局、日本にタツ永島がいるというので、話があったというわけです」と、それを裏付ける証言をしている。

ルイスから電話のあった翌15日、永島は東芝音工に赴き石坂と会談をしている。内容は不明であるが、前年とはうって変わって東芝音工はビートルズ招聘に消極的だったとされる。それは同社がビートルズ日本公演の主催にはならず、後援に名を連ねるに過ぎなかったことからも明らかだ。

東芝音工が態度を急変させた理由は定かではない。15日に永島が訪れた時点では石坂も乗り気だったが、その後トップに却下されてしまったというのである。協同企画の清水和江は言う。

「石坂さんは、(65年に) ビートルズを呼びに行っていました。ですから、ビートルズ側から電話がかかってきたとき、永島さんは最初に石坂さんのところに行ったんです。そうしたら石坂さんは『もちろんやりたい』と。でも東芝のトップはあくまでも経営者目線なんですね。『何もしないでもレコードは売れるんだから、ウチがちょろちょろすることはない』そう言って東芝音工は降りたんです」

この真偽はもはや誰にもわからないが、同社の業績が前年にもまして順調だったことは事実だ。40年度上期の当期純利益は1534万円だったが、下期は一気に1億1730万円と驚くべき利益を上げている。これに加えて、会社創立5周年記念のタイミングを逸していたこともあったのだろう。東芝音工を取り巻く状況は、1965年とは大きく変わっていた。

来日公演が決定

永島と石坂が会談をした日の夜、イギリスのＥＭＩ会長のジョセフ・ロックウッドが来日、羽田空港で記者会見が開かれた。そこには石坂のほか、久野会長と酒井常務の姿もあった。席上、ロックウッド会長はビートルズ来日について次のようにコメントを出し、4日の『ＮＭＥ』報道を裏付ける形となった。

《四ヶ月前、ビートルズの面々に会った時、八月に訪日すると聞いた。日程など詳細は、まだ正式に決定していないので知らないが、他の仕事で、日本公演がキャンセルされることはないと思う。世界大戦争でも始まらない限り、ビートルズの日本公演実現は確実である》（『スポーツニッポン』3月16日）

日にちは不明ながら、永島はルイスの電話の後にエプスタインからも連絡を受けている。その際、《入場料が高すぎて公演が、失敗するようなことはさける、ギャラの点は譲歩の余地がある。日本公演はぜひとも成功させたいから、とにかくロンドンにきてくれ》（『ビートルズ・レポート』）と言われていたそうだ。同様のことが永島自身の口からも語られている。『週刊読売』67年11月10日号に掲載された近藤日出造との対談である。

《ほんとうに向こうから電話がかかってきたんです。日本に行きたいから、ロンドンへ来てくれという電話なんです。こっちがびっくりしたんですが、ロンドンとなると大阪へ行くのとは違うし、経費もかかるし、実際に脈のあるものなら喜んで行くけれども、と答えますと、「とにかくおまえのいう線で行く心づもりができてるから、来い」》

これを受けて永島は22日にロンドンへ出発。25日にエプスタイン、ルイスとの三者会談が行なわれた。このときのことについて先の対談では、近藤が《となると、ロンドンでの交渉は楽だったでしょう》と尋ねたのに対し、永島が《交渉の時間なんてのは、十分ぐらいでしたね》と答えている。

交渉は非常にスムーズに進み、ビートルズ日本公演はこの日内定した。

日本公演のギャラは他国に比べ破格の安値だった。

日本に戻った永島は国内の諸調整を行なう。主催は読売新聞社と中部日本放送、公演会場は日本武道館に決定した。既述の通り、東芝音工は主催とはならず、日本航空とともに後援という形での参画となっている。

永島が主催として名古屋の中部日本放送を選んだのは、外貨枠に余裕があったからというのが定説だが、それに加えて以前から深い繋がりがあったということも関係していたようだ。当時、中部日本放送の事業部でビートルズ公演を担当した佐久間一彌によれば、永島と中部日本放送との関係は50年代にさかのぼるという。

「昔は、洋画の試写会をCBC（中部日本放送）仕切りで開催していて、試写会の前にステージ・ショウのイベントが付いていました。当時、永島さんが平尾昌章（昌晃に改名）さんのマネジメントをしていたので、一度永島さんにお願いして平尾昌章さんに来ていただいたことがあります。そのころは、東京以外で興行を行なおうとすると、どうしても昔ながらの興行師を通さないとできないものでした。そうすると、売り上げの良し悪しでお金をもらえなかったり、トラブルが多かったりしました。

永島さんが最初にやったことは、そういう慣習をなくすことでした。私たちはそれに真っ先に賛同しましたね。永島さんが名古屋の興行師のところに話に行ったときは私も一緒だったのですが、そのとき永島さんは『これからは中部日本放送と興行をやります』と明言しました。以降、協同さんの催しはCBCに持って来る、という約束ができたんです。

CBCで興行するようになってからは、警察のトラブルが全然なくなりました。興行は全部黒字でした。赤字を出したというのはほとんどなく、全部儲かりました。1965年のミッチ・ミラーさんは、協同企画ではなくCBCで招聘したのですが、アレンジメントは永島さんにお願いしました。これは開局15周年記念のイベントで、ミラーさんは当時NHKでやっていた『ミッチで歌おう』という番組で有名な方でした。永島さんと一緒に全国へ出かけて10回くらい公演をしました。ミラーさん、永島さん、私とで、ヘリコプターで横田基地へも行ったことがありましたよ。

昔は興行というと浪曲やボクシングでしたが、そのころはそういったものは減っていました。ですから、民放の中でも外国人アーティスト中心の興行を行なっていたCBCが、一番多く事業をしていたのではないかと思います。当時は外国人タレントブームが来ていて、興行は全部当たりました。そうやって実績を積んでいたので、局の上層部も『最終的には全部君に任せる』という調子で、非常にやりやすかったですね」

当時はまだ、事業部長の肩書は付いていなかったが、会社側は好成績をあげていた佐久間の裁量に任せていたようだ。こうした経緯もあり、永島からビートルズの話が持ち込まれたときもスムーズに進んだという。

「ビートルズのときも、話は早かったですね。日にちは覚えていませんが、朝10時半ごろに永島さんから電話をもらって、お昼ごろには決まっていました。

ビートルズを呼ぶとなると、すぐにお金が欲しいわけですよね。当時は外為法が厳しく、許可を取らなければいけない時代でした。そのような算段を付けるのが難しいと思った永島さんは、半分この話はやめようと思っていたそうです。そこでウチに相談があったわけです。

まずは川崎義盛局長に話をしたところ、佐々部晩穂(くれお)社長に直接話したほうが早いというので、私が社長に話をしました。そうしたら、『いいと思ったらやれ。お金は出す』という判断だったので、お昼前には会社の意思を伝えるために永島さんへ電話をしました。永島さんは『すぐに行動する』と、張り切った様子でしたね」

話が決まるのは早かったが、佐久間は外貨の手配に苦労したと回想する。

「当時外貨を動かすのには届け出が必要で、公演前には日銀に提出しなければなりませんでした。私はオーケストラの招聘などで手続きには慣れていましたので、いつもの通りCBCの社長名で契約書や身元引受書を付けて許可の申請をしたのです。普段だったらそれで大丈夫なのですが、ビートルズのときだけは大蔵省から呼び出されました。とてもうるさかったですよ。すんなりとは許可してくれなかったですね」

永島は4月下旬に再びロンドンへ。26日に契約書を交わし、ビートルズ日本公演が確定した。佐久間も公演の契約書にサインもしている。その保守義務5年間で、事業部の金庫に保管していたものの、その後、倉庫に移し書類整理の際に廃棄してしまったため現存しないという。

「ビートルズはチケット料金にも制限があって、確か5ドルくらいだったと思うのですが、それも契約書に書いてありました。契約書は2通ありました。1通はNEMSで、もう1通はCBCです。CBCの分は社長から委任状をもらいました。契約書にはビートルズ4人のサインがしてあり、一番下にマネージャーのエプスタインが乙で、甲は私だけのサインでした。その下にWitness（証言者）として永島さんのサインがありました。ですが、それは今どこにも残っていません」

永島が出迎え、はっぴ姿でやって来た！

1966年6月29日午前3時39分。日本航空412便『松島』が羽田空港に到着。ビートルズが日本にやって来た。フラッシュの嵐の中、カメラマンにポーズを取りながらビートルズの４人が日航とＪＡＬのロゴが入った、はっぴ姿でタラップを降りる。あまりにも歴史的な瞬間だ。

このとき、タラップの上にはエプスタインやトニー・バーロウ、カメラマンのロバート・ウィテカーらビートルズ側スタッフがいるが、よく見るとそのなかに永島の姿がある。飛行機の到着後、彼らが降りてくる前に機内に入り、４人とエプスタインに挨拶をしていた。

台風一過の朝焼けの中、空港から宿泊先の東京ヒルトンホテル（現・ザ・キャピトルホテル東急）へ移動。ホテル付近では、ビートルズ来日反対を唱える右翼団体の街宣車が駆けつけて、一時騒然となったが、ほどなく退散した。

彼らの部屋は、10階の「プレジデンシャル・スイート」と呼ばれるスイート・ルームの１００５号室。10階は貸し切り、さらにエレベーターは９階止まりとなった。階段には警備員が配置され、パスを持っている者以外は10階に上がることすらできなかった。永島の秘書、清水はもちろんパスを所持していたが、慌てていたのか永島は〝和江〟を〝和枝〟と間違って書いている。

その10階にヴィック・ルイスは、一足先に泊まっていた。海外ツアー担当のルイスは、インド、香港、マニラを回って６月24日夜に来日し、25日は武道の聖地・日本武道館の下見をしている。永島とルイスは、その夜一緒にミーティングを兼ねて食事をしていた。

武道館で公演するにあたり、永島と内野はＴＢＳの前にある「デスクＫ」の小谷正一に相談に行っている。小谷は永島の大学の先輩で、毎日新聞の大阪本社事業部長時代、プロ野球のパシフィック・リーグ創設に尽力した。最終的に正力松太郎が二リーグ制を認め、毎日オリオンズができた。その関係で、正力とも交流があり、小谷は武道館公演の実現にも尽力してくれたようだ。

余談ながら、10階は貸し切りとされながらも、実際にはすべての部屋が押さえられたわけではない。ホテルに居住している者がいたからである。

作詞家の川内康範はそのひとりである。これは今回、清水の証言で明らかになったことだ。

「あとでわかったことですが、10階に住んでいる方がいらしたのです。ずっと部屋を借りていて。それが川内康範さん。のちに川内先生と知り合いになって、そのときにお聞きしたのです。『俺はあそこに住んでいたんだからね、俺の事務所だからしょうがない』って。ビートルズが宿泊していたときは、『いちいちチェックされて、ちょっと面倒だなと思いながら10階に上がっていた』とおっしゃっていました。当時、大きなホテルにはどこもそういう特別な部屋を確保している方がいらしたようです。フロントもそれは口外しない。一流ホテルには、そういう部屋がありましたね」

自由時間のない東京ヒルトンの部屋で

ビートルズの4人の記者会見は6月29日15時15分過ぎから「紅真珠の間」で行なわれた。123社、216人が出席したとされ、通訳は永島の兄、永島英雄が務めた。

音楽誌『ティーンビート』編集長の木崎義二は、それまでメディアで報じられていた騒ぎに反し、静かなものだったと語っている。

「記者会見は淡々とした感じで、代表者しか質問は出来なかったです。手を挙げて誰でも自由に、って感じではなかったですね。通訳をしていたのは永島さんのお兄さんの英雄さんでした。本当に淡々とした感じで、大騒ぎしていた割にはこんなものかっていう感じで、あっという間に終わってしまったという印象です」

会見ではさまざまな質問がされたが、その中に「(名誉と財力を十分得たが) 次に何を求めているか?」というものがあったという。これに対するジョンの答えは「平和」。当時はベトナム戦争の真っただ中である。

会見終了後、18時過ぎに加山雄三が彼らの部屋を訪問した。その際、東芝音工の石坂と、ビートルズの担当ディレクター、高嶋弘之が同伴した。最初に部屋に入ったのは高嶋である。

「僕が最初に入って、僕の前がリンゴ・スター。加山さんの前がジョージ・ハリスン、石坂専務の前がポール・マッカートニー。そうしたら、ジョン・レノンが加山さんの後ろからやってきて、彼をはがいじめにした。加山さんはよくポールにやられたと言っているけど、やったのは紛れもなくジョン・レノンです。

ビートルズに会いに行ったといっても、我々は仕事としてですから硬いわけです。『こんにちは』と言って、ファンが会いに行っているのとは違いますからね。そうしたら、ジョン・レノンが加山さんをはがいじめに後ろから出て来たから、ポールが真っ先に『うわーっ』と笑って。それでその場が一気に和やかになりました」

加山はその後、音楽について語り合ったり、一緒にディナーを取ったりするなどし、約3時間を4人と過ごした。このとき、特筆するべき出来事が二つある。ひとつは加山が聞いたレコード。ジョンが「まだ発売されていない新曲」といって、加山にレコードを聞かせているのだ。その様子は『女性セブン』7月20日号をはじめ、いくつかの週刊誌で報じられている。記述内容からすると、曲は「ラヴ・ユー・トゥ」「アイム・オンリー・スリーピング」などのようだ。おそらく『リボルバー』のテスト盤だろう。この他にも、加山が作曲について相談したところ、録音したテープを逆回転して聞かせるなどもしたという。

もうひとつは絵である。4人は外出を許されておらず、公演の移動以外はホテルの部屋にカンヅメ状態だった。時間を持て余した彼らは、暇つぶしに絵を描いていた。これはポールが希望したらしく、それを受けて協同企画の石黒良策が道具一式を調達した。29日午後の出来事だった。

「ポール・マッカートニーが『絵を描きたい』と言い始めたんです。永島さんに、『おい、石黒。日本で、いちばん高い絵の道具を買って来い』と3万円渡されました。本多芸能時代から知っていた数寄屋橋の「月光荘画材店」（現・銀座8丁目）に行き、『いちばん高い絵の具と画材を全部』と店主（創業者橋本兵藏）に相談すると『高いと言ってもキリがあります』と言われました。一式買って部屋に届けました。お釣りは3000円ほどでした」。それを聞いて三代目当主、日比康造は「その値段からするとガッシュ（不透明水彩）絵の具24色セット、アルミ水彩パレット、筆3本セットを各4つ、スケッチブック6Fサイズ3冊ですね。ビートルズ4人が描いた絵の画材の真相が、来日55年目にわかり嬉しいです」と語る。

加山が訪問した際に描いていたのが、4人合作の絵『日本の印象』である。7月2日に星加ルミ子が彼らを訪れた際、ポールが「題して日本の印象というんだ」と話している。この他、当時のメディア記事には『東京の印象』と報じているものもある。

『日本の印象』は、赤を基調としたサイケデリックな作品。画用紙の中央に重石としてランプを置き、左上から時計回りにジョン、リンゴ、ポール、ジョージが思い思いの絵を、彼らのレコードを聞きながら描いた。当時ビートルズの友人だった写真家、ロバート・ウィテカーがその制作風景を写真に収めている。描き終わった後はランプの置かれた部分が白の円となっており、そこに各々がサインを寄せた。CBCが制作した写真集『ビートルズ東京』（撮影：浅井慎平）にも載っている。

この作品は当時、東京・築地にあったファン・クラブ「ビートルズ・ファン・クラブ（BFC）」に贈呈され、会長の下山鉄三郎（松竹セントラル支配人）が受け取った。下山は7月1日16時、10階の広報担当者トニー・バーロウを訪れて1時間ほどの話合いで日本での公認ファン・クラブが承認された。会談途中、バーロウ宛にケンリック極東貿易社長のダグラス・ムーア・ケンリックが来訪し、ケンリックと下山が松竹の映画の興行で旧知だったこともバーロウの心象をよくしていた。

ケンリックは、永島が熱望していた日本におけるビートルズ商品化権を獲得していた。17時ごろにバーロウの案内で下山はビートルズの部屋を訪れ、4人と会見。BFCは会員から募った寄付金で購入した4台のソニー製ラジオをプレゼントした。絵はそのときに手渡されたが絵の具が乾いていなかったため、下山のズボンに絵の具がついたが、リンゴが「水彩だから洗えば落ちるよ」と言ってくれた。この模様は66年8月20日のBFCレポート№12で紹介している。石黒によれば、下山は翌2日に改めてホテルを訪れ、ロビーで永島の兄、英雄から受け取ったという。

4人で1枚の紙に描いた絵は世界でこれひとつとされる。絵はBFC事務所の壁に飾られた後、68年の事務所移転を機に下山が蒲田の自宅玄関に飾っていた。下山はその後松竹映配の常務になり、引退後は翻訳をしていたが85年5月に逝去。下山の死後、89年7月に国内のオークションに出され、1680万円で落札された。（落札額は「KEIBUY事業部」に問い合わせた際の回答）しばらくは日本人の手にあったが、2012年9月ニューヨークのフィリップワイスオークションで15万2500ドル（当時1ドル約77・65円、1205万円）の値で海外のコレクターの手に渡っている。

下山の甥にあたる水野智博は、下山の妻・彗子から写真に撮ったこの絵のネガを譲り受けている。水野は絵の価値を知らない彗子の自宅に何度も訪ねて来たビートルズ愛好家の相手をするのが嫌で、言い値の300万で譲ったと彗子から聞いている。

ピンクのキャデラック

達司の兄、永島英雄がGHQ時代に通訳で知り合った陸軍の情報将校のポール・W・オーレルは、その後1946年11月、保険会社AIUの前身、IUC日本支配人に就任した。そして、AIUのエージェンシー、オーレル・インシュランスを設立。同社の社有車であるピンクのキャデラックが、ビートルズ来日のときに使われた。

この車を運転していたのが入内島登。彼は46年に駿河台英會話スクールなどで英会話をマスターし、GHQの車両部隊に採用されたとき永島英雄に会っていた。その後オーレル・インシュランスの社長秘書兼運転手時代に、再び英雄に会い切符型の名刺をもらい、今でも自宅に残している。

ホテルニュージャパンのバーは、英雄が毎日通っていて、オーレルは英雄とよく飲んでいたようだ。英雄からオーレルに、ビートルズ来日のとき、車と入内島を貸してほしいという相談があった。

来日したビートルズがピンクのキャデラックに乗り込み、ポールが自己紹介させてくださいと言って、「アイム・ポール」「アイム・ジョン」「アイム・リンゴ」「アイム・ジョージ」と順に挨拶した。

入内島はいつものように「アイム・イチジマ。グラッド トゥ シーユー。コール・ミー・ジミー」と流暢な英語で挨拶を交わした。

今まで外国人をさまざまな骨董店やお土産屋に案内しているので、ジョンにも同じように接したそうだ。買い物のあと、ピンクのキャデラックには乗せるなということになっていたが、それでもジョン・レノンは演奏が終わるとエプスタインと一緒に1、2回乗ってきたと語っている。

そのときジョン・レノンだけが、その場でメモ帳に1枚、車の中でサインをしてくれた。しかし次の勤め先、ガムレン・ジャパンのコールマン社長の娘キャロリンが欲しがったので、そのサインをあげてしまったという。家に残っているエプスタインからもらった色紙とブロマイドは、4人のサイン入りだが、それは代筆されたものだった。

前座バンドが語るビートルズのコンサート

公演は6月30日と7月1日、2日の3日間にわたった。初日は夜の部（18時30分開演）のみで、残り2日は昼の部（14時開演）と夜の部の2回。計3日間、5ステージが行なわれた。

いずれの回も2部構成で、第1部が日本人出演者らによる前座演奏。休憩を挟んで第2部がビートルズだった。第1部の出演者の尾藤イサオ、ジャッキー吉川とブルー・コメッツは大橋プロダクションで、内田裕也、ブルー・ジーンズ、ザ・ドリフターズ、望月浩、桜井五郎らは、渡辺プロダクションの所属であった。

ビートルズの会場入りは前座演奏中の18時40分ごろ。武道館は、隣にある事務棟の2階と武道館とを繋ぐ渡り廊下部分が会議室となっており、そこが楽屋として使われた。メンバーがベッドの上に座り、楽器のチューニングをしている写真があるが、あれが会議室である。併せて、その隣にある貴賓室も楽屋として使われた（こちらも、ステージ衣装に着替えた4人がエプスタインと談話する写真が残されている）。

一方の前座出演者の楽屋は武道館内に設けられた。場所は北東地下2階（アリーナと同じフロア）の選手招集場。彼らは出番が終わった後もビートルズのステージを見ることができなかった。だが、ブルー・コメッツの三原綱木は意外なところでビートルズの演奏を聞いていた。

「本番当日、私はビートルズを直接は見ていないです。警備がきびしいからです。終わったら帰ってくれと。全然見られないし、ここにいたんじゃ困るとまで言われました。ところがちょうど帰り支度をしているときに、ビートルズの演奏が始まるわけです。それを聞きたくて。おいおい、ちょっとトイレで聞こうよ、と言って、楽屋のトイレで小さいスピーカーから流れてくる演奏を聞いて、それをテープレコーダーで録音しました」

小さなスピーカー越しでも、ビートルズの演奏はすごかったという。

「やっぱりうまい。サウンドがしっかりしている。ビートルズ、さすがだ、みたいな感じでした。テクニック的には特別にうまいとは思いませんでしたね。まだ日本のバンドの方がうまい人間はいっぱいいいました。ただ、サウンドが全然違います。とにかくビートルズの出していたサウンドはすごかったです」

また、『週刊プレイボーイ』67年6月20日号には、《彼らが会場の日本武道館に到着したとき、ちょうど前座のブルー・コメッツが演奏中だった。ビートルズの連中は、立ちどまって耳をすましていたが、やがて口々に「すばらしいバンドだ、とくにリード・ギター（三原綱木）がすぐれている」と絶賛した》という記述がある。三原はこれを読み「すごくうれしかった」と語っている。

ブルー・コメッツのドラマーであり、リーダーのジャッキー吉川も、彼らがビートルズに好評だったことを永島から聞いていた。

「僕たちブルー・コメッツは、達司さんの推薦で前座に選んでいただきました。ビートルズの前に出ても、音では引けを取らない日本のバンドということで、ブルー・コメッツがいいんじゃないかと言ってくださっていたようです。

ビートルズはちょっと早めに来て、出演の準備をしていたので楽屋でブルー・コメッツの音を聞いていたようです。自画自賛ではないけれど、『音は抜群だ』と、本当に言われたらしいです。それは達司さんから聞きました。達司さんからもお褒めの言葉を頂きましたよ」

さらに吉川は信じられない体験をしている。おそらくリハーサルのときだろう。

「僕は幸運なことに、念願のリンゴ・スターのドラムを叩いたんです。ローディーの目を盗んで、5分くらい叩いちゃった。そうしたら、ローディーから『ドント・タッチ!』と言われてしまったのですが、僕は得をしましたね。どんなチューニングをしているのか、具合を見たかったんです。正直、セッティングは僕なんかと変わらなかったですね。でも、チューニングの仕方は違いました。張り具合が全然違っていて、わりと重い音がするようにしていました。

そのとき怒られたもので、いろんな日本人の関係者が『やばい、やばい』って慌てていましたよ。

でも、僕はすごく勉強になったんです。だって、こんな機会がないと触れないですからね。ビートルズと共演させてもらったうえにリンゴのドラムを叩けるなんて、とても幸せでしたよ」

キーボードの小田啓義は当初、ビートルズのメンバーに会えると思っていた。

「永島達司さんは世界の呼び屋と呼ばれる人です。彼がブルー・コメッツを前座に出すことを決めたのだから、当然私たちをビートルズに会わせてくれるんだって思っていました。ところが当日はそのまま楽屋に入れられて、そこから出られません。皆で『なんだよ！』って文句たらたらでしたね。ビートルズの演奏が始まって、じゃあちょっと見に行こうと、ドアを開けようとすると、警備員にはダメって言われ……もう散々でした」

だが小田は楽屋を抜け出すことに成功し、2階席に移動してビートルズを見たという。

「内田裕也と尾藤イサオが、アリーナの警備の人がいたところで見ていたみたいです。うまいことやったなって皆に言われていました。私たちは2階席のドアの隙間から見ていたんです。印象としては、リンゴ・スターのドラムのリズムキープがものすごくよかったですね。さすがだなと思いました。独特のリズムキープで、絶対に走らないんです」

ベースの高橋健二も、かろうじてビートルズを見たと話している。同じバンド内でも各々の証言が異なっているが、ブルー・コメッツは5公演すべてに出演していたので、それぞれ別のタイミングのことなのかもしれない。

「ビートルズはのぞく程度でちゃんと見られなかったんですよね。すぐに追い出されてしまったのですが、尾藤と裕也ちゃんはすり抜けて、いいところで見ていたようです。ジャッキーはリンゴ・スターのドラムを叩いたとかいうのを聞いています。

とにかく警備員の数も多かったし、普通のコンサートとは別物でしたよ。でも、僕らも怖いもの知らずだったので、絶対に演奏では負けられないという気持ちでした。音的には負けていなかったと思います。自分でも良い音が出たなって、すごく気分がよかったことを覚えています」

永島から高く評価されたブルー・コメッツはその後、67年12月にアメリカの人気番組『エド・サリバン・ショー』へも出演する。吉川は次のように話した。

「ビートルズの公演でブルー・コメッツの評判が良くて、達司さんの紹介でアメリカのエド・サリバン・ショーに出演しました。達司さんが『日本にもいいバンドがある』ということで出られたんですよね。ブルー・コメッツは、日本のファンの後押しもあったけれども、達司さんの力が本当にすごかったんだと思います」

前座の出演者でも、ビートルズを見ることは許されなかったが、小田や高橋の証言にある通り、尾藤イサオと内田裕也のふたりはアリーナでビートルズを見ていた。内田は5回、尾藤は4回。場所は照明台の下、ステージの真正面である。北西スタンド2階席から撮影された写真には警官やスタッフらとともに、パイプ椅子に座り足を組みながらステージを見るふたりの姿が写っている。

前座出演については、永島や渡邊ではなく、東芝音工のディレクター・草野浩二から依頼があったそうだ。そのころの尾藤は、さほどビートルズには興味がなかったと語る。

「ちょうど5月のウエスタンカーニバルのときかな。裕也さんと僕は日劇で一緒の楽屋でした。裕也さんも同じ東芝だったので、そこに草野さんが来て、『ユーたちビートルズの前座でやらないか』と話がありました。僕は（エルヴィス・）プレスリーが好きで、ビートルズの音楽は受けつけなかったんです。『抱きしめたい』や『プリーズ・プリーズ・ミー』は、プレスリーのロックに比べるとすごく甘ったるく感じました。草野さんに言われたとき、最初はビートルズの前座？　みたいな感じでした。僕は渋谷のジャズ喫茶『テアトル』で鹿内孝さんの面接を受けて、大橋プロに入っています。同じ所属で先輩のブルー・コメッツも出るので、最終的に出させてもらうことになりました」

どういう経緯で、アリーナで見ることが出来たのか、尾藤の記憶は定かではない。

「前座のメンバーは全員揃って、警備の人に連れられて楽屋からステージの袖まで行きました。出番が来るとステージに出て、終わるとステージの袖で待機して、第1部が終わったら、また警備の人に付き添われて全員楽屋に帰らなきゃいけないのです。なぜか裕也さんと僕だけがアリーナで見ました。そこにも警備や消防の人がいましたが、パイプ椅子に座って見ることができたのです。5回のうち1回は客席で、あとの4回はアリーナで見ました。最後の曲『アイム・ダウン』が最高でした。ジョージ・ハリスンと目が合うと、ステージの上と下でお互いウインクしていました」

この点に関し、尾藤は別のインタビューで《はじめはみんなといっしょに楽屋へ向かうんだけど、途中から抜けてUターンしたんです。すると、ステージの前におあつらえのパイプ椅子があってね。警備の方がいるんですが、僕も顔が売れていたから、前を通っても「おお、尾藤イサオだ！」と思われたくらいで止められもせず、「どうぞ……」という雰囲気すらあって、そこに座ることができたんです》と答えている（『ミュージック・ライフ　ザ・ビートルズ日本公演1966』／シンコーミュージック・エンタテイメント）。

ふたりはビートルズにプレゼントを買い、楽屋へ届けようとしたが残念ながら直前で失敗する。
「裕也さんと、日本のアーティストとしてビートルズにプレゼントしようということになり、2ステージある日の1回目が終わったあとに銀座へ行きました。僕がステージ衣装を頼んでいるお店（JUN）があるので、そこでシャツを4枚買いました。

僕らがシャツを持ってビートルズ側のローディーに言うと、『いいよ、構わないから来なよ』と。あと一歩で楽屋というところで、協同企画の梅野慎吉さんに『イサオさん待った！』と声を掛けられました。それで裕也さんが梅野さんと階段の踊り場で掴み合いの喧嘩になり、僕が仲裁に入ったのです。梅野さんは以前永島英雄さんのパンオリエントにいて、僕が太神楽の鏡味小鉄時代、一座で曲芸をやっていたころから、一緒にキャンプを回っていた知り合いでした。『これだけ厳重に警備しているから勝手に行かれたら困る』というので、直接は渡すことができませんでした。いま考えると国賓級のアーティストの、前座を務めるというすごいことができたと思いますね」

ドリフターズの高木ブーは30日夜、1日昼の2回出演し、ビートルズをアリーナで見ていた。

「30日、尾藤や内田が歌ったあとに僕らの出番で、ビートルズと同じステージでした。でも楽器やアンプも貸してもらえず、最悪な状況。荒井注はピアノがないので、僕のベース型のギターを貸しました。演奏を終えて長さんが『解散』（初日『退散』という説もある。2日目は『逃げろ』）と言って、楽屋に引き揚げ、ビートルズの公演は見られないはずでした。でもアリーナの入り口に警備員がいなくて、試しにドアを開けたら入れたのです。それでアリーナの端からステージを見ました。僕からするとロックとモダン・ジャズの違いはありますが、ビートルズは、ザ・フォー・フレッシュメンと同じで、コーラス・グループが楽器を弾いているイメージです。というのも『味の素・ホイホイ・ミュージック・スクール』で、僕がドリフターズの一員になったとき、憧れのザ・フォー・フレッシュメンをスタジオで見ていたからです。ビートルズは、当時リンゴのドラム・ビートが効いているので、人気だと思っていました。のちにジョージ・ハリスンのギターが絶妙なので、それがビートルズ・サウンドなのだと解釈しています」

日本武道館で観た人々の声

当時のメディア記事をみると、ビートルズのステージは観客の叫び声ばかりで全然聞こえなかったとするものが大半。確かにそれまでの他のコンサートに比べると、ビートルズ公演の声援はものすごい。だが、ファンらにはちゃんと聞こえていた。

当時大学生で、友人と一緒に作ったTシャツを着て5公演すべてを見た岩渕三永子は、初日の出来が良くなかったことを覚えている。

「初日の演奏はあまり良くなかったように思いました。外国の会場で公演をする場合、ファンがキャーキャー叫んでうるさいので、調整もいい加減だったらしいのですが、日本の観客はそんなにうるさくないので、自分たちの演奏がちゃんと聞こえてしまって、焦って2日目からはちゃんと調整したという話もありますね。初日はマイクも安定していなくて、グルグル動いていました」

元ソニー・ミュージックエンタテインメントのチーフ・プロデューサーで、井上陽水ら多数のアーティストを手がけたほか、大滝詠一と『イエロー・サブマリン音頭』を制作した川原伸司は7月2日、夜の部の最終公演を見た。川原も演奏はよく聞こえたと話しており、当時聞こえなかったという理由について次のような分析をしている。

「武道館で行なわれたビートルズのコンサートは、お客の歓声と悲鳴で聞こえなかったという人と、普通によく聞こえたという人がいるんです。私は普通によく聞こえた方です。ずっとなんでだろう、と考えていたのですが、当時はＰＡがなかったんです。しかも武道館で初めてのコンサートだったわけで、さらにアリーナには人を入れていないので音が反響してしまうのです。

私が見たのは北東スタンドだったと記憶していますが、ジョンの真横でした。上手の2階か3階かであれば、音が聞こえたのです。むしろ真正面は逆に聞こえないんです。ＰＡがないので、アンプから流れてくる音と、マイクの音声を届けるための天井にある小さいスピーカーからのみだったんですね。ＰＡシステムは、その後、70年まで待たないと出てきません。今は武道館のどこで聞いても均等に良い音で聞こえるようになりましたし、どこのホールでもＰＡがあるから支障はありません。当時はそういうシステムがなかったので、聞こえる人もいるし聞こえない人もいたわけです。たまたまジョンの横から見ていた私は普通に聞こえて、ミスしたのもすべて聞こえました」

川原は当時高校1年生。彼は公演を見終えて、確実に自分の人生の何かが変わっていくのだという確信があったという。そして後に音楽プロデューサーとなったわけである。川原のように、ビートルズをきっかけとして音楽の道に進んだ者は多い。

ビートルズ公演はファンのみならず各界の著名人も多くが見ている。ミュージシャンは言うまでもなく、俳優など芸能関係、ファッション業界関係、通信・放送といったメディア関係など幅広い。文壇も例外ではなく、著名な作家らがビートルズを見ており、文章に残している。

初日の公演を見た文化人には、三島由紀夫や大佛次郎らがいた。大佛は『ビートルズを見た』というタイトルで『朝日新聞』に寄稿している（66年7月4日夕刊）。

武道館に到着するや、《人間がいるのを見るとすべて警官だったくらいで、護送の自動車が長い列を作って待機していた》と、過剰な警備体制について違和感を表明。《何の為、だれの為の、この行動なのだろう》と疑問を呈している。

場内に入ると、若いファンの中にひとり老人がいて目立つということもあり、すぐに記者に見つかり写真を撮られるなどした。ビートルズ公演では、各回とも開演直前に警官隊が館内に入り、観客の移動を妨げるために、通路をふさぐという行為をしたのだが、その様子も鮮明に記されている。《司会者の開会のあいさつとともに、観客席の間にある階段と言う階段に警官がぞろぞろ降りて来て、通路をふさいだ。ドアをしめて人を入れない一階のホールでは、遠方から円陣を作って舞台を包囲して、おびただしい警官が壁を背に配置につく》

そしてビートルズ登場。観客の声援で演奏が聞こえなかったとする。

《きゃーッの本番で、しばらく何もほかのものは聞えない。いや、演奏とともに歌い出したビートルズの歌がよく聞えない。きゃーッと、わあッである。（略）私には何を歌っているのかわからず、聞き取ろうとしても、マイクロホンの前で汗を流して、どなっているビートルズの歌が聞えないのである。これは、聞くように出来たものでないとあきらめた》

大佛は改めて翌7月1日のテレビ中継番組『ザ・ビートルズ日本公演』を見て、そこで初めて彼らの演奏を聞くことができたという。《中学生のように、自分の声をからして精一杯にどなる。声も決して好い声ではない》としながらも、《イエスタデーと言う歌など、イングランドの牧歌風の素朴な草のにおいがあって、なかなか味があった》という感想を述べている。

一読すると否定的な意見のように捉えてしまいそうになるが、よく読めば大佛が新しいエンターテインメントの姿をそこに見ていたことがわかる。

《音楽会と言うものは演奏者と聴衆とが明瞭に分たれて、聴く者は水を打ったように静粛にしているものだが、ここでは聴衆が海のようにわき立ち、叫び返して、コロセウム（大円形劇場）全体が一丸となって演奏も歌も溺死させてしまう。白熱した運動競技の場合と同じなのである。音楽など見つからない。聴衆が登場者なのだ》

これを端的に示したのが次の一言である。大佛はこのとき68歳だったが、実に若々しい。

《こりゃスポーツみたいなもんだよ。わたしはこういうのにとても興味があるんだ。さすがにちょっと興奮もしたし、おもしろかった》（『読売新聞』66年7月1日朝刊）

あわや放送NG!? 番組収録の真相

ビートルズのステージは日本テレビが撮影し、録画中継番組が放映された。収録は6月30日と7月1日昼の部の2公演。これらは、ビートルズのコンサートをカラーでフル収録した唯一のものである。オンエア日や放送局は地域によって異なるが、東京は日本テレビで7月1日の21時から22時。番組名は『ザ・ビートルズ日本公演』。公演の主催の関係上、中部地方のみ日本テレビ系列の名古屋放送ではなく、中部日本放送の3日16時からのオンエアとなった。

当時、日本テレビの音楽部に所属し、公演の収録に携わった花見赫は、カメラリハーサルのときに、ポールの代役をしたことをよく覚えているという。

「私は60年に日本テレビに入社して、6年目くらいに音楽部に配属になりました。ビートルズの武道館公演は日本テレビが中継することになり、音楽部が中継班として総出であたることになったのです。収録の日は遅刻厳禁ということで、チーフ・プロデューサーの江守哲郎さんの命令で、音楽部は全員、武道館近くのフェアモントホテルに前日から泊まっていました。『マッサージは自前だぞ。それだけは会社持ちじゃないから』と言われたのを妙によく覚えています。

あのとき私もまだ若かったので、ただの遊撃隊で使い走りのような感じでした。特に仕事は決まっていなく、何かというと代役でステージに立つということをしていました。ビートルズはリハーサルをせず、来たらすぐ本番です。我々はレコードをかけて立ち位置などを想定しながら、綿密にカメラリハーサルを行なったわけです。そのとき私はポール・マッカートニーの立ち位置を担当しました。たったそれだけのことでしたが、私としては非常に印象的な出来事になりました。

そのころはビートルズ中継に携われてうれしいなんて、別に思ってなかったですよ。音楽はジャズがよいという感覚でした。でも今、振り返ってみればとんでもない大スターに関わる仕事をしていたんですよね。当時は認識不足でしかなかったんですけれども。あのときのカメラリハーサルは、後になってうれしい思い出となりました。だって、ポール・マッカートニーの代役をやった人は日本に私しかいないじゃないですか」

公演当日、テレビ各局は武道館へ向かう客の様子を収め、ニュースやワイドショーなどで流していた。日本テレビも同様で、花見はその取材も担当した。

「公演の撮影以外では、周辺の取材をしました。観客の入れ込みするときに、4カ所くらい別々に取材班を置いて、並んでいるお客さんのところにカメラを持って行って、『何時からですか？　どこから来ましたか？』など聞きました。VTRは手元にはなくて中継車の中ですから、その人たちに『こういうようなことを聞きますから』といった事前打ち合わせをして、リハーサルをして、それからアナウンサーがインタビューをしたんです。結構たくさん取材しましたよ」

花見は特定の担当がなかったこともあり、本番が始まってからはアリーナで演奏を見ていた。

「コンサートが始まれば私の出番はなく、ステージの下のいちばん前でしゃがんで見ることが出来たんです。アリーナには観客を入れなかったのでこっそりと。我々音楽部のスタッフには通行証はなく、共通の野球帽みたいなのが配られて、全員同じものをかぶっていました。スタッフの衣装も着ていましたから、追い出されることもなく、いちばん良い所で見られましたね」

花見と同じく60年に入社し、照明部に所属していた中川満は番組収録時の照明を担当した。

「部の皆は僕も含めてビートルズなんてわからないわけ。だけど話題にはなっていたし、日本中が大騒ぎしていました。私が現場に行きましょうかとデスクに申し出たら、行ってくれと。当時いちばん時間があって、若い私が担当することになったのです。若手で興味を持っているみたいだから、といって送り込んでくれたのです」

収録日のステージ写真や映像を見ると、メンバーが照明で眩しそうにしている様子がわかる。

「眩しいわけですよ。そうしないと4000ルックスの照度が確保できない。今のカメラはノーライトでも十分ですが、当時の技術ではカラーだとRCAのカメラには、それくらいの明るさが必要でした。電源車で行って、30台のサンライト器材で照明を当てました。

リハーサルのときは、ステージの明るさを保つ調整をするのに、私が照度計を持って上手と下手とセンターのバランスを取りました。それで『はい上げて上げて、下げて』と、共立照明のスタッフさんに指示して、ステージを4000ルックスを保つようにするのが私の仕事でした。本番が始まってからは、照明台の上からライトが倒れたりしないのを見張る程度で、それ以外にはほとんどやることはありませんでした。初日は上手の台で、2日目は下手の台にいました」

前述の通り、収録は6月30日と7月1日昼の部の2回が行なわれた。中川は当時の台本を残しており、そこには2つの日付が並記されている。

「台本には2つの日付がありますから、初日はリハーサルとして撮って、それで夜中にみんなで演出を考えて、2日目にちゃんと撮るというスケジュールだったと思います。ビートルズのマネージャーが初日の映像を見たときに、観客が映っていないと言ったので、2回目の本番ではその点にも注意を払って収録したと聞いています。２日間、私はアリーナから高さが１・８メートルある台に上がり、照明の管理をしていたので演奏が終わるまで降りられない。ビートルズは10メートル程先で私は彼らと同じ高さの照明台で一番近くにいましたので、当時、新型のオリンパスペンで演奏風景を撮影することができました」

のちに『カックラキン大放送‼』のプロデューサーなどを務める笈田光則はこのとき、フロア・ディレクターをしていた。笈田は30日の収録直前に起こったトラブルのことをよく覚えている。

「楽屋で台本を見たビートルズが、そこに書いてある曲が違うって言いだしたらしいのです。それで、中継車の中にいた、おまちん（チーフ・ディレクターの小俣達雄）が、ビートルズに聞いてきてって言うので、慌ててヘッドホン外して舞台の下手（客席から見て左側）から楽屋に飛んでいきました。それで、外国人のスタッフに声をかけて台本を見せて確認を取りました」

中川が所有する台本の曲目は、《未定》との断り書きとともに次のように書かれている。

これは、５月に東芝音工が演奏希望曲として先方に打電したものと同じだ。

1. 抱きしめたい
2. プリーズ・プリーズ・ミー
3. シー・ラヴズ・ユー
4. ビートルズがやって来るヤァ！ヤァ！ヤァ！

5. アイ・フィール・ファイン
6. 涙の乗車券
7. ヘルプ
8. 恋を抱きしめよう
9. ミッシェル
10. ガール
11. ペイパーバック・ライター
12. ツイスト・アンド・シャウト

一方、実際の演奏曲は次の通り（5公演とも）。

1. ロック・アンド・ロール・ミュージック
2. シーズ・ア・ウーマン
3. 恋をするなら
4. デイ・トリッパー
5. ベイビーズ・イン・ブラック
6. アイ・フィール・ファイン

7. イエスタデイ
8. 彼氏になりたい
9. ひとりぼっちのあいつ
10. ペイパーバック・ライター
11. アイム・ダウン

合っているのは2曲だけだ。引き続き笈田は次のように証言する。

「しばらく待っていると、メンバーのひとりが僕の持っていった台本の裏に曲名を書いてくれました。それを書いたのは、たぶんジョン・レノンだと思います。それを持って中継車に行って、おまちん、こうだよって見せたら、『この曲知らない。大変だ』って、びっくりしていました。本番の直前、1時間くらい前でしたかね。撮る方は大騒ぎだったと思いますよ。台本と全然違う曲なんだから。上手（客席から見て右側）から行った伊藤茂夫は、ビートルズが登場する側なので警備が固く、楽屋までたどりつけなかったらしいです。近くの外国人を通して何とか曲名を教えてもらいましたが、曲順は間違っていたようです」

とにもかくにも、収録はそのまま行なわれた。なお、ジョンと思われる人物がセットリストを書いた台本はその後、行方不明になってしまったと話す。

「花見が台本をなんでとっておかなかったんだって、私に言うのですが、そのときにそれほど貴重なものっていう意識が自分にはなかったと思うんですよね。捨ててはいなかったと思うんですよね。帰ってデスクに置いたかなんかして……。家に持って帰ればよかったですね。残念ですよ」

笈田にはもうひとつ印象に残っていることがある。収録時のエプスタインとのトラブルだ。エプスタインは、30日が本番で1日は予備だったという認識だったかもしれない。

30日の収録を無事終えて局に戻ったところ、エプスタインとチーフ・プロデューサーの江守が下見室（VTRプレビュー室）でもめていた。

「花見によると、第1回の収録が終わって本社に戻り、中継班はエプスタインと一緒に下見室に入ったそうです。僕は会社の前にあった『ローリエ』っていう喫茶店で、サンドイッチの盛り合わせセットを買って持って行ったぐらい。なかに入らなかったのですが部屋には通訳と、江守さんの他におまちんがいたのかな、ディレクターだっただから。永島さんもいたと思います。

その場で翌日もう一度収録することが決まった、というんですよ。理由は、観客が映っていないからだと。ビートルズの人気の象徴は熱狂的な観客のアップだというんです。それがないのは『ノー』だって。『いいじゃないか十分だよ』と江守さんは強気で突っ張っていたようですけど、永島さんから『もう1回明日撮り直してください』と言われて、再度収録することになったみたいです。だから照明の中川にも急遽連絡が入り、スタンバイしたと思いますよ。前の晩の騒動は我々以外知らないはずです。でも大騒ぎでした」と語る笈田は、歌手・笈田敏夫の弟である。

一方こちらは、エプスタインとともに下見室にいた花見の証言である。

「1回目の6月30日に収録したものを、翌7月1日の夜に放送するという編成が決まっていました。現地にはVTRがありませんから、30日の収録を終えたあと録画チェックのため、皆で会社に戻りました。

下見室という部屋があり、そこにエプスタインが入ってきてモニターの前に座りました。これが有名なエプスタインか！と、私は急いでそばに行きました。下見が終わると、エプスタインは『これは放送させない。ボツ』と言うのです。理由は観客が映っていないからだと。つまり、音楽はレコードでも聞ける。東京まで来て演奏しているのだから、観客がいかに熱狂したかという映像が欲しいんだというのです。なるほどと、皆驚きましたよ。やっぱり世界を相手にするマネージャーというのは、感覚が違うんだなと素直に納得がいきました」

花見は語る。

「音楽部の責任者は江守部長でした。江守さんのお父様は日活の常務で、その息子なので〝ムージョー〟と呼んでいました。そのムージョーが、30日の収録が終わったときに『よし終わった。もういい、これで撤収だ』と言ったのがいけなかったんですよね。エプスタインが『私がOKと言っていないうちにあの男が撤収をかけた』と江守さんを名指しして怒りだして、膠着状態でした。

放送時間が翌日の夜だと決まっていたので、困ったなと思っていたら、永島さんが『日本テレビさん、このままではいけない。エプスタインは私が責任を持って説得します』と言ってくださったのです。それを聞いて『すごい、永島さんかっこいいな、尊敬できる人だ』と思いました。その場にいた皆も同様に考えたと思います。ただ、そのとき永島さんがどういうふうに話をまとめたのか、というのは我々もわかりません」

公演の録画は現在両日とも見ることができる。それを確認すると、30日版は確かに客席の様子は映っていない。一方、エプスタインの指摘を受けて撮り直した1日版は、アップではないが熱狂する観客の様子が随所に挟まれている。当時の中継番組でオンエアされたのはもちろん後者だ。

スケジュールは15時半過ぎに収録を終えた素材を、その日の21時から放映するというタイトなものだった。スタッフらはすぐ局に戻って、番組を放送する準備に入らなくてはならなかった。

特別番組『ザ・ビートルズ日本公演』は、視聴者のわからないところでいくつものトラブルがあり、一時はオンエアすら危うい状態にあった。永島がその危機を救ったことを、当時の人間の多くは知らない。

永島は、ビートルズの公演の録画が初日うまくいかなかったことで、ハリー・ベラフォンテが、初来日した昔のことを思い出していたかもしれない。１９６０年7月14日、産経ホールで、ベラフォンテのコンサートがあり、ＴＢＳのディレクター渡辺正文がテレビ録画中継を任された。渡辺は、のちに東京音楽祭の音楽プロデューサーになるが、当時はまだ27歳。『バナナボート』で、世界の人気者のベラフォンテの表情を巧みに捉えた映像は見事だった。しかし、ベラフォンテは、納得しなかった。聴衆と一体であることを望んでいるので、録画は許可できないということだった。

このとき、永島は、プロモーターとして両者の間に入り、再録画することができた。

ビートルズ研究家として知られる川瀬泰雄は、東京音楽出版で井上陽水や山口百恵などのディレクターだったので、ブライアン・エプスタインの気持ちもわかるという。

「ビートルズ来日公演の1日目は、キーが半音低かったんです。ビートルズは調子が悪いときはキーを半音下げてチューニングをします。そうすると歌うのは、楽になりますが、チューニングが緩めになるのでギターの音がシャキンとしません。多分その影響もあり、演奏がすこしベタついた感じがしていたのではと思います。でも2日目は、ちゃんと通常通りのチューニングに戻していました。

日本に来る前にドイツでコンサートしたときのセットリストを武道館の公演でも使っていました。曲目はすべて同じです。ビートルズの場合、いろんな公演を見ていると変えても1曲、2曲といったところです。日本公演では、『アイム・ダウン』が最後の曲になっていますよね。他の公演では、それを『ロング・トール・サリー』に変えるぐらいで、他はあまり変えないのが特徴なんです。極端に変えると会場内で、響くファンの声援にお互いの声がかき消されて、『次の曲は何をやる？』というコミュニケーションが取れないせいでしょう」

星加ルミ子とビートルズ

ビートルズは公演以外の外出を許されず、半ばホテルに監禁状態だった。また、10階にはパスを持った者以外は上がることができなかったため、29日の記者会見以外、メディアはメンバーへの直接取材は不可能だった。

そんななか、彼らの部屋へ入ることを許されて、1時間近く取材を行なった日本人がいる。音楽雑誌『ミュージック・ライフ』編集長の星加ルミ子だ。星加は、前年の65年6月15日にロンドンでビートルズとの独占会見を成功させており、ビートルズ側とは深いパイプがあった。来日に際しても、広報担当のトニー・バーロウを通じて取材の確約を取り付けていた。

「日本に来るちょっと前に、広報係のトニー・バーロウに電話して、『日本に来たときはミュージック・ライフに取材させてよね』と言ったんです。すると『もちろん大丈夫だよ、ブライアンもわかっているから』と言うので、私は大船に乗った気持ちで全然慌てずにいました。ただ、5日間のうち、いつになるかはわからないので、電話が来てもいつでも出られるように、ヒルトンホテルの部屋を押さえていました。彼らが来た日にもバーロウに会ってステーキをご馳走して、部屋の番号を伝えておいたんです。

そうしたら彼らの帰る前日の昼間。7月2日の13時ごろに『部屋に来い』と、バーロウから電話がありました。それで彼らの部屋を訪れたわけです」

これについては『ミュージック・ライフ』66年8月号に詳しい。それによると、星加ら取材班が予約していたのは934号室。まず、当日の早朝にバーロウから一報が入っている。昼過ぎにもう一度電話をすること、星加らの部屋を訪れるので掃除をして着物を着て待つように、などが伝えられた。その後、星加の証言にある通り、13時ちょうどにバーロウから10階に来るよう電話が入った。

星加はカメラマンの長谷部宏とともに10階へ上がる。

「部屋に入ると、カメラ屋さんが呼ばれていて、カメラがたくさん置いてありました。外に出られないので、いろんなお土産屋さんが来ていたんですね。皆、そこに座り込んで何を購入しようかと、物色しているわけです。あとは絵を描いたりとか。彼らとは、インタビューというほどかしこまったものではなくて、お土産を選んでいる合間をぬって話しかけたり写真を撮ったり、普通の会話という感じでしたね。

ジョン・レノンがいないなと思っていたら、日本の羽織を着て出てきました。そして、すぐ横にいたエプスタインに『ねえブライアン、僕たちはこんなに稼いだのに、これいつ使ったらいいんだい』って言ったんです。それからテーブルの上にあったオレンジジュースかコーラだったかを持ち上げて、『ビートルズは間もなく解散します』と言ったんです。一瞬周囲がシーンとなりました。私は聞き間違いかと思ったのですが、その後すぐに誰かが『わはは』と笑ったんですね。いかにも冗談だよっていうふうに。やっぱりそのへんは彼らの阿吽(あうん)の呼吸っていうのか、ジョン・レノンが時々きわどいことを言うのはよく知っていますから。だから『わはは』と笑って、その場の皆も笑いました。『またジョンがバカなことを言って』みたいなふうにして、そのまま終わったんですね」

彼らはこのとき、コンサート・ツアーに辟易しており、スタジオ・ワークに興味が移っていた。ジョンは冗談のつもりで言ったのではないだろう。そして8月29日のサンフランシスコ公演を最後に、ビートルズはライヴ活動をやめてしまう。

一瞬皆が凍りつくようなジョンの発言の一方、ほほえましい出来事もあった。

「ジョンが、『日本のキッズは何がいちばん好きなんだ』と私に聞いてきたんです。私は〝キッズ〟というのは小さい子どものことだと思いました。『おそ松くん』のキャラクター・イヤミの『シェー!』というポーズが、子どもたちの間ではやっている、というニュースを思い出したので、それを彼に話したんです。そうしたらすぐに面白がって『シェー!』のポーズをしたんです。ポールも飛んで来て同様にポーズしていました。

あとで気がついたんですけど、〝キッズ〟というのは、ビートルズのファンという意味で言ったらしいんですね。私は文字通り子どもだと思ったから、それくらいしか思い浮かばなかったんです。でも、のちに赤塚不二夫先生がそれを知って喜んでくれたそうです」

このとき同行していた長谷部の記憶も星加と同じである。なお、長谷部の撮影した写真には石坂範一郎が写っている。このときに石坂も同席していたようだ。

「ホテルに呼ばれていた業者のなかにはニコンの人もいて、カメラをたくさん持って来ていました。4人には前年に会っていたので、ビートルズの面々からどのレンズがいいかなど聞かれました。撮影の雰囲気はよかったですね。彼らは外に出られないからやることがなかったんですよ。

それなので、ジョンは絵を描いていたりしていました。ジョンが『シェー!』をやっている写真も撮りました。彼が『いま日本で何がはやっているんだ?』と星加さんに聞いて、星加さんが

『シェー！』をして見せたので、『みっともないからそういうのやめろよ』と、私は言ったのです。でも、今考えるとなかなかよかったと思いますよ。

あのころまではビートルズは皆、感じがよかったですね。その後それぞれ女性と知り合って一緒になるようになると少し変わりました。やはり女性の影響があるんじゃないかなと思いますね。結果的にバラバラになってしまったという感じがします」

星加が彼らの部屋を訪れ、取材をしたというニュースは永島の耳にも入っていた。星加が次に話しているのは、10階での会見を終えた日の夕方の出来事である。

「ヒルトンホテルのロビーで私がうろうろしていたら、永島さんがツカツカって私のところにいらして、『あのさ、僕もう大変なんだよ、君のせいで。もう各社から吊し上げられているんだから』と言ったのです。つまり、『なんで星加さんだけビートルズに会わせるのよ』と、みんなから言われたんでしょうね。永島さんは『星加さんは去年も会っているので、別ルートで直にエプスタインとコンタクトを取ったんです』と説明していたようですが、誰も納得してくれなかったらしくて、たっぷりイヤミを言われました。私もケンカするわけにはいかないから、本当に申し訳ありませんでしたと、一応そこは素直に謝りました。そうしたら、『もう終わっちゃったからしょうがないけどさ』なんて、そういう感じの人でしたね。

そんなことがありながら、ふと今日は最後のコンサートだったことを思い出したんです。あと1時間後くらいに始まる。『永島さん、武道館に行かないんですか』と言ったら、これから行くよと言われるので、『なんとか最後のコンサート聞くことができないでしょうか』と。普通なら頼めるのか、という感じですよね（笑）。

そうすると、『席はないけど、アリーナの奥に今日スポンサーのお偉方がいっぱい来ていて椅子を取ってあるので、そんなところでよければいいよ』と、あっさり言われました。なんていい人なのかしらと思いました。先ほどまで取材の件でひと悶着あった後に、普通そんな会話は成り立ちませんよね。永島さんは、そういう鷹揚なところもあるので、いわゆる日本のプロモーター業界にいるような人とはちょっと違う、非常にセンスのいい方だったと思います。私は、あろうことか永島さんの車で一緒に武道館まで連れて行ってもらったんですよ。今から武道館へ行くよと言われるので、『じゃあ、私も乗せていってください』って。

それで、ちゃっかりと下のアリーナへ行きました。そうしたらスポンサーのお偉方とおぼしき人たちが20人くらい後ろの方にいました。1階席の真下になるから、客席からは見えませんけど。席がそこに20席くらいあって、私もそこに座らせてもらいました。

ジョン・レノンは最後のステージだけ色付きのメガネをかけていました。それは最後のコンサートを見ている人でないと知らないわけです。私は初日しかチケットを持っていませんでしたから、それしか見ていないことになっていたんです。

のちに最終公演の話が出たとき、私あれ見たのよ。ジョン・レノンが黒のメガネで出てきたでしょ、と言うと、みんなびっくりするんですね。見たのは最初の日だけじゃなかったの？って。永島さんには、『ただでさえ僕は君のことで恨まれているんだから、急に入れてあげたっていうのは内緒だよ』って言われていました。私もずっとそれは内緒にしていて、無理やり乗り込んだみたいなことにしていたんです。もちろん『ミュージック・ライフ』にも書けませんでした。これ以上永島さんにご迷惑をかけることはできませんからね。このことをオープンにしたのは、ほとぼりが冷めたずっと後のことです。

会見の件では怒られはしましたけど、永島さんは決して嫌な人ではないという印象を持っています。ビートルズの前までは、ウチ（新興楽譜出版社、現・シンコーミュージック・エンタテイメント）の草野（昌一）専務と大学時代からの知り合いで、早稲田で一緒に女の子をたぶらかしていた、という程度しか知らなかったのですが（笑）。ビートルズ以降は私の顔を覚えてくださって、いろいろなアーティストのコンサートでお会いするたびにご挨拶するようになりました」

湯川れい子に救いの手

協同企画の清水和江はビートルズの滞日中、ヒルトンホテル9階の930号室に泊まっていた。『週刊読売』が取った部屋である。これには、ビートルズ来日に際して同誌が企画していた臨時増刊号が関係している。この編集には、永島や清水と親しかった音楽評論家の湯川れい子が携わっていた。この件について清水は次のように話す。

「私はれい子さんとふたりで、週刊読売が取った9階の部屋に泊まっていました。れい子さんを特班にして週刊読売が増刊号を企画していました。彼女と親しかったので、私と一緒に泊まっていれば特ダネが入るだろうと、週刊読売の人に言われたんです。だからといって、ビートルズのインタビューが簡単に取れるわけはありませんでした。パスがないと10階に行けなかったわけですから」

清水の言う通り、湯川は取材の機会を窺っていたものの、一向にそのチャンスは訪れなかった。時間だけがどんどん過ぎていく。清水は、そんな湯川のために楽屋へ連れて行くことを思い立つ。

「武道館の裏に小さな建物があって、そこが楽屋でした。入れるのは関係者だけ。協同の人間と警備の人間だけです。警備の人が外に立っていて、他の人は入れませんでした。

私は2日目くらいの昼間に覗きに行きました。れい子さんがなかなか会えない、会えないって言うから、最後は彼女を連れて入っちゃおうかなと思って下見に行ったんです」

清水は、最終公演である7月2日夜の部の直前に湯川を楽屋へ連れて行った。このときの模様について、湯川は自身が担当した『週刊読売』66年7月16日号臨時増刊で次のように記している。

《いよいよ最後の夜。私はもう前座が始まった武道館の楽屋口にがんばっていた。まわりには、警官とガードマンが約二十人。（略）

「ハーイ！」まっさきに降り立ったのは、ジョージ。つづいて丸い小さなサングラスをかけたジョン。そしてリンゴとポール。楽屋に通じるドアがあけられた。このときしかチャンスはない。夢中であとを追った。（略）

床の上にひとつ置かれたアンプに、それぞれのギターをつないで、音を合わせはじめる。耳をつんざくようなエレキの音。真剣な顔。開演五分前。チューニングを終わった三人は、また一度楽屋にもどると舞台に出ていった》

前述の通り、この日の午後に星加がビートルズとの独占会見を成功させていた。一方の湯川は、楽屋には行けたが十分な取材はできていない。そこで永島は彼女のためにある画策をした。ファンには有名なエピソードだが、ここでは清水の口から語ってもらうことにする。

「とうとう最後の夜になっちゃって、どうしようってれい子さんは泣き出してしまうし、私もどうしていいかわからないと言っていたら、永島さんから電話が入ったんです。

私たちが困っているのを察してくださって、永島さんが『関係者がつけていた腕章をポールが欲しがっているので、(私の持っている)腕章をれい子さんに渡して、それを届けるメッセンジャーとして、彼女をエレベーターに乗せるように』と、言われたのです。私は自分の腕章を記念に取っておこうと思っていたのですが、れい子さんに渡しました(註：腕章は清水のもの以外にも複数持って行った模様)。

彼女はひとりで小さなカメラを持って上の階に行き、リンゴと一緒に写真を(ジョージが)撮って、読売の特班記者という役割が果たせたわけです」

湯川が彼らの部屋を訪れたのは2日の21時半頃で、部屋に戻ったのは23時頃。このときの模様は、先の楽屋訪問と同様、同誌に詳しく書かれている。湯川はレポートを次のように結んでいた。

《最後に、私を十階の彼等の部屋に、見て見ないふりをしながら送り込んで下さった方々に、心から感謝します》

ホテルの駐車場にシャッターチャンス

ビートルズ来日は日本中のメディアが一斉に飛びついた。特に大騒ぎしたのが週刊誌。彼らの滞日中は各社入り乱れてのスクープ合戦の様相を呈している。

当時『ヤングレディ』活版班に所属していたカメラの佐々木恵子は、シャッターチャンスを求めて羽田空港、ホテル、武道館へとビートルズを追いかけた。22歳の彼女は、ビートルズを追いかけるファンのように若かったがビートルズのことはあまり、知っているわけではなかった。

「あのころ、ビートルズという名前は知っていましたが、顔もわからないので、外国人ならば皆、写真に収めていました。でき上がった写真には、ブライアン・エプスタイン、お付きのカメラマン、ロバート・ウィテカーやビートルズのお抱え運転手アルフ・ビックネルなども写っていました」

ビックネルを通じて、「私はビートルズの単独インタビューに成功した」という記事を書いた『女性セブン』の記者・風間博も車から降りるジョン・レノンと一緒に写っている。達司は風間に「外国人のそばでは、日本語ではなく英語で話そうよ」と、いつも言っていた。

佐々木はヒルトンホテルに泊まり、公演の行き帰りにシャッターチャンスを待っていた。

「ヒルトンでは、今ほど警備が厳しいわけでもないし、ホテルの部屋を取っている客という立場なので、どこでも普通に入っていけました。グラビア班のカメラの先輩たちは部屋にいて出てこなかったのですが、私はまだ新人だったので、とにかく細かく撮っていました。

ビートルズはどこから出てくるかわからないので、入り口にいてうろうろするのではなく、公演から戻ってくるのを待つことにしました。地下駐車場の中にあるエレベーターの前でずっと待っていたんです。駐車場にはガードマンがいたのですが、待っていても排除されなかったのはよかったですね。ガードマンが急に騒がしくなると、そろそろ帰ってくるころだというのがわかるんです。そうしたらカメラを構えてスタンバイです」

佐々木のコメントの通り、彼女が撮影した写真はホテル地下駐車場が多い。なかでも良く撮れているのが、7月2日最終公演を終えてホテルに到着した場面。ステージ衣装のまま汗まみれで車を降りる4人からは、つい先ほどまでいた武道館の熱気までもが伝わってくる。

佐々木はこの他にも、7月1日昼にジョンがお忍びで骨董店へ買い物に行った帰りの模様（永島とエプスタインも写っている。ふたりともなぜか満面の笑顔で、永島公認の外出だったことが窺える）や、同日夜に彼らの部屋を訪れた芸者、最終公演後に別れを惜しんでヒルトンホテルに集まったファンなどを撮影している。さらに、2日夜の警備が甘かった10階エレベーター前にいた佐々木は、ビートルズの取材を終えて笑顔で9階に戻る湯川の姿も押さえていた。

ビートルズを見送る永島

すべての公演を終えたビートルズは、7月3日に日本を去る。9時40分ごろに部屋を出て、霞ヶ関入口から首都高速に入り、羽田空港へ移動した。この日は日曜日。ホテルや高速入口付近には見送りのファンが大勢集まっていた。そのため、警察はこれらファンを沿道の数カ所に集め、4人が乗る車の見送りをさせるという配慮を行なった。

一行を乗せたキャデラックは10時7分ごろに羽田空港に到着。車は彼らの乗る日航731便『鎌倉』が待つ滑走路に乗り入れた。降車した4人は歩いてタラップへ。ジョンの左腕には、武道館で場内連絡係が付けていた〝伝令証〟という腕章（前日夜に湯川が渡したうちのひとつ）がはめられていた。このときの模様はいくつか写真に残されており、エプスタインとあいさつを交わす永島の姿も写っている。他の関係者とは異なり、永島は車のそばでエプスタインと4人に別れを告げた後、そこを動かず遠くから彼らを見送っていた。

飛行機のドアは10時33分に閉まり、38分に出発。44分に滑走路を離れ、飛び立った。このとき永島の胸に去来したものは何だったのだろうか。

解散後も厚い信頼を寄せられていたビッグ・タツ

ビートルズ解散後、4人の中で永島と最も深い交流を続けていたのはポールである。彼は80年1

月にウイングスとして来日するも、大麻の不法所持が発覚し勾留を余儀なくされた。招聘したのはウドー音楽事務所だが、そのときにポールが頼ったのは永島だった。

永島は、急遽来日したポールの弁護士ジョン・イーストマン（リンダの弟）らとホテルオークラ東京などで善後策を練った。「ナイト」の称号があるので、イギリス大使館職員とも連絡を取った。リンダや子供たちの面倒は、サディスティック・ミカ・バンドの福井ミカが見てくれたという。

また、あまり知られていないエピソードだが、滞日中にポールの妻リンダがオリジナルのTシャツを注文した、という話がある。大洋音楽で当時、永島の下で働いていた水上は、その顚末について次のように語る。

「ポールは拘置所では番号で呼ばれていたみたいです。22番だったそうです。それを聞いた奥さんのリンダが、ポールの番号のTシャツを作ろうと言い出しまして、確か背中に数字で〝22〟、前には漢字で〝二十二番〟って入ったTシャツだったと記憶しています。僕は実際にTシャツができたときに、永島さんの秘書だったケイ・リケッツさんに頼まれて、ポールの家族用に6枚ほど揃えて、ホテルに届けたんですよ」

ポール自身が所有する2つの音楽出版社「ＭＰＬコミュニケイションズ（Ｊａｐａｎ）」Ｉｎｃ．と「Ｌｌｅｅ（エルリー）Ｔｏｋｙｏ」の著作権は大洋音楽が管理していた。

また、90年のソロ初来日以降、日本公演は毎回、キョードー東京に任せている。永島への信頼の厚さの証明といえよう。

93年11月にポールは、『ザ・ニュー・ワールド・ツアー1993』で来日したが、東京ドームのコンサートの合間に、永島はポール一家を四谷の「オテル・ドゥ・ミクニ」に招待していた。店のゲストブックに、ポール、リンダ、長女のメアリーと長男のジェイムズ、リンダの弟ジョン・イーストマン、そしてテーブルの向かい側から書いた永島達司のサインが記されている。

「うちは85年に創業しましたが、永島さんは、ダイアナ・ロスをはじめいろんなアーティトを連れて、いらしてましたが、ポールさんのときは、家族でみなさんくつろいでいらっしゃいました。リンダさんはダイエット・コークをお子さんはコークを飲みたいとおっしゃったので、あわてて、ご用意しました」と三國清三オーナー・シェフは語ってくれた。

ポールは2004年8月4日のインタビューで永島のことをこう振り返っていた（8月11日TBS『昭和～時代からの遺言～「ビートルズを呼んだ男」』でオンエア）。

「タツのすごいところは、西洋と東洋両方の世界を経験したことだと思う。彼は西洋（イギリス、アメリカ）に行ったこともあるし、育った経験もある。だから彼は僕らにとってぴったりの懸け橋だった。彼は素晴らしい人で、多くの人々に愛されていた。いつもうれしそうにしていて、ユーモアのセンスがあった。だから、多くの人に惜しまれているのだと思う。ほんとうに特別な人でした」

ポールがこれほどの言葉を寄せる日本人は、永島達司以外にはいない。

参考文献

『サンデー毎日』国際人脈第6回／84年／毎日新聞社

『レコード・コレクターズ』洋楽マン列伝№91　水上喜由／17年／ミュージック・マガジン

『私の「あの頃のこと」』桑田純代／15年／むれの会

『泥亀永島家の歴史』／永島加年男著／15年／永島加年男遺稿集刊行会

『シリーズ明治・大正の旅行第22巻　桑港航路案内』／荒山正彦著／15年／ゆまに書房

「太平洋戦争開戦時の坂西志保と日本送還」『生活文化研究所年報』第20輯／横山學著／06年／ノートルダム清心女子大学

『企業戦士たちの太平洋戦争』／小田桐誠著／93年／社会思想社

『日本のポピュラー史を語る』／村田久夫・小島智編／91年／シンコー・ミュージック

『夢のワルツ　音楽プロモーターが綴る〝戦後秘史〟50年』／内野二朗著／97年／講談社

『東京アンダーナイト〝夜の昭和史〟ニューラテンクォーター・ストーリー』／山本信太郎著／07年／廣済堂出版

『昭和が愛したニューラテンクォーター　ナイトクラブ・オーナーが築いた戦後ショービジネス』／山本信太郎著／13年／DU BOOKS

『熱狂の仕掛け人　ビートルズから浜崎あゆみまで、音楽業界を創ったスーパースター列伝』／湯川れい子著／03年／小学館

『進駐軍クラブから歌謡曲へ』／東谷護著／05年／みすず書房

『興行師』／青江徹著／58年／知性社

『興行界の顔役』／04年／猪野健治著／筑摩書房

『世界は俺が回している』／なかにし礼著／09年／角川書店（角川グループパブリッシング）

『メディアの河を渡るあなたへ』／岡田芳郎著／15年／ボイジャー

『週刊読売　7月16日号臨時増刊　THE BEATLES IN TOKYO　東京のビートルズ』／66年／読売新聞社

『話の特集臨時増刊　ビートルズ・レポート』／竹中労編／66年／日本社

『ヒットチャートの魔術師』／高嶋弘之著／81年／紀尾井書房

『ザ・ビートルズ・イン・東京』／中村俊夫編／86年／シンコー・ミュージック

『ヤァ!ヤァ!ヤァ!ビートルズがやって来た　伝説の呼び屋・永島達司の生涯』／野地秩嘉著／99年／幻冬舎

『続・夢のワルツ』／内野二朗さんを偲ぶ仲間達著／05年／バックステージカンパニー

『「ビートルズと日本」熱狂の記録』／大村亨著／16年／シンコーミュージック・エンタテイメント

『ビートルズを観た!　50年後のビートルズ・レポート』／16年／音楽出版社

『ミュージック・ライフ　ザ・ビートルズ日本公演1966』／16年／シンコーミュージック・エンタテイメント

『Music and Maiden Overs』／Vic Lewis and Tony Barrow／1987／Chatto&Windus

『Microbes MUSIC and me』／JOHN POSTGATE／2013／Mereo Books

『SEEING THINGS』／Oliver Postgate／2010／Canongate Books

The Japan Times 1966／7／16

KYODO KIKAKU INC. Promotion／1970／12／19／Billboard

『「ビートルズと日本」ブラウン管の記録』／大村亨著／17年／シンコーミュージック・エンタテイメント
『ウェルカム！ビートルズ　1966年の武道館公演を実現させたビジネスマンたち』／佐藤剛著／18年／リットーミュージック
『「ビートルズと日本」週刊誌の記録　来日編』／大村亨著／20年／シンコーミュージック・エンタテイメント
『ザ・ビートルズをピンクのキャデラックに乗せた男』／入内島泰弘／18年／文芸社

制作協力

ジョンソン基地時代
山岸莞爾、エディ大沢、荒井英郎、濱田剛、阿井喬子、福田時雄、秋満義孝

協同企画及び大洋音楽時代
渡邉美佐、堀威夫、川村龍夫、山本信太郎、湯川れい子、星加ルミ子、長谷部宏、佐久間一彌、朝妻一郎、立川直樹、石坂邦子、後藤豊、石黒良策、清水和江、西城慶子、寺島忠男、チャーリー湯谷、島時子、木崎義二、田端光夫、鈴木道子、安倍寧、尾藤イサオ、三原綱木、小田啓義、佐川満男、宇崎竜童、高木ブー、外山喜雄、堀一貴、本田規、川瀬泰雄、ジョーイ・カルボーン、新田美昭、三根健二朗、中村康夫、横山東洋夫、都倉治子、千葉和利、三浦信樹、武田裕、遠山道弘、柴田英里、不破寿夫、三國清三、河野次郎、河野裕子、広田とも子、岡田芳郎、松枝忠信、入内島登、入内島泰弘、水野智博、吉崎真一、川井拓也、高岡洋詞、西尾忠男、下口拓也、吉岡敬之、齋藤洋子、宮本航也、日比康造、後藤麻衣子

興行関係者
メリー喜多川、重富章二、橋本福治、山崎芳人、岡本哲、小倉禎子、藤村良典、伊勢本光治、梶本眞秀、小屋敷明、海田俊明、田村有宏貴、山田道枝、髙木かおる、石山夕佳、布上勢津子、酒本康幸、山下清五

音楽関係者
高嶋弘之、稲垣博司、佐藤修、折田育造、村井邦彦、小杉理宇造、草野浩二、鈴木雄一、川原伸司、金井浩、石島稔、川添象郎

放送関係者
亀淵昭信、花見赫、笈田光則、中川滿、中村芳章、宇都宮荘太郎、上田健一、西出修、江川雄一、鈴木稔、加田雄也

出版関係者
木滑良久、石川次郎、石崎孟、野田武、相賀昌宏、中村滋、風穴昌紀、堀田貢得、堀内丸恵、栗田晃一、安藤拓朗、長谷川巽、江口拓、館野晴彦、風間博、佐々木惠子、マーカス・グレイ

エピローグ

２０２１年６月29日、ビートルズが来日して55年の年月が経ちました。あの熱狂を体験した世代には懐かしく感じられ、来日を知らない世代には、当時の真相を知る機会にもなるでしょうか。

戦後、日本の復活の原動力とも言えるアメリカ、イギリス、フランス、イタリア、ブラジルなど海外のポップスや文化を浸透させた傑出した人物がいることをほとんどの日本人が知りません。

その人は、永島達司氏です。背が高く流暢な英語で海外のアーティストや音楽関係者に接し、通称ビッグ・タツと呼ばれたプロモーターです。音楽を通じて日本の文化や伝統、そして日本人の勤勉さ、誠実さを海外に広めたひとりです。ミュージック・パブリッシャーとしても世界に一目を置かれていました。３歳から通算７年近く欧米で暮らしたことでマナーや考え方を身に付けていたことが強味で、世界を相手に堂々と交渉して、スケールの大きな人物でした。表舞台に立つことを好まず、音楽ビジネスモデルを構築した永島達司氏。戦後の人々の生きる力が輝いていた時代を感じられ、新型コロナウイルスで世界が一変している現代に少しでも力を与えられたら幸いです。

90年以上前からのことなので、取材と検証に思いのほか時間を要しました。この本の取材にはたくさんの方のご協力をいただきました。

永島家のご家族、吉田五百子、桑田純代、永島智之、永島譲二、足立芳枝、桑田侑也の各氏に思い出を、和田大雅、西岡芳文の各氏に永島家の歴史をご教示いただきました。

ご逝去された平尾昌晃氏、内田裕也氏、旗照夫氏、ジャッキー吉川氏、ウイリー沖山氏、坂本スミコ氏、原信夫氏、高橋健二氏、石坂敬一氏、太田耕司氏、大西泰輔氏、秀島清隆氏、樋口紀男氏、川井彰夫氏、花見赫氏に深く感謝すると共にご冥福をお祈りします。

セルジオ・メンデス、ジーン・シモンズ、ドン・ウィルソン、リー・フィリップス、ランス・フリード、フィオナ・テイラー、ライオネル・コンウェイ、ジム・モーリー、フローレンス・チャンの各氏に、直接取材をさせていただきました。電話取材では、クインシー・ジョーンズ、パット・ブーン、リチャード・カーペンター、バート・バカラック、ジェリー・モス、トーマス・ヨハンソン、ハービー・ゴールドスミス、キャサリン・ミラー、キース・ハリスの各氏に、タツの思い出を楽しく聞かせてもらいました。ポール・マッカートニー、オリビア・ニュートン＝ジョン、マイケル・フランクスの各氏に、メールにてエピソードを語ってもらいました。海外のコーディネートでは、水上喜由、吉成伸幸、大山健、鈴木武夫の各氏に、ご協力をいただきました。

本木雅弘氏には、永島氏ご夫妻の思い出話や写真を提供していただきお礼申し上げます。

ポリスター時代から永島氏と親交の深い山崎直樹氏にも大変お世話になりました。

皆さま、お忙しい中、時間を割いて素敵な思い出を語ってくださり、ありがとうございました。

この本の制作に協力していただいた甘利圭那、大石舞、カズ松永、木村ゆかり、田中章、鶴見知也、仲野重人、沼田牧子、野口淳、宮坂浩美、横山學の各氏に感謝を申し上げます。

瀬戸口 修

著者プロフィール

瀬戸口修　出版&編集プロデューサー。
1952年生まれ。横浜市在住。75年成蹊大学経済学部卒業。
平凡出版（現・マガジンハウス）入社。
『平凡』編集部、カスタム出版、メディアプロモーション、
書籍出版を経て、オデッセー出版取締役編集長に。

ビートルズも呼んだ男 永島達司　ビッグ・タツ伝説

2021年9月30日　第1版第1刷発行

著者　瀬戸口修
発行人　蔭山茂樹

発行所　株式会社オデッセー出版
〒141-0031 東京都品川区西五反田3-6-21
住友不動産西五反田ビル1F
TEL:03-4426-6309
http:www.ody-books.com

販売　株式会社ワニブックス
〒150-8482 東京都渋谷区恵比寿4-4-9
えびす大黒ビル
TEL:03-5449-2711
http:www.wani.co.jp

装丁　dwnb

印刷・製本所　株式会社シナノ

ISBN 978-4-8470-7076-1